FORMULAIRE

A L'USAGE

DU SERGENT DE VILLE

PAR

ÉMILE JÆGLÉ
Officier de paix de la ville de Paris

« La Police doit être essentiellement
« protectrice, et son action ne doit
« jamais se montrer tracassière. »
M. PIÉTRI, *Préfet de Police*

PARIS
TYPOGRAPHIE DE GAITTET ET Cie
Rue Gît-le-Cœur, 7

1855

FORMULAIRE

A L'USAGE

DU SERGENT DE VILLE

FORMULAIRE

A L'USAGE

DU SERGENT DE VILLE

PAR

ÉMILE JÆGLÉ

OFFICIER DE PAIX DE LA VILLE DE PARIS

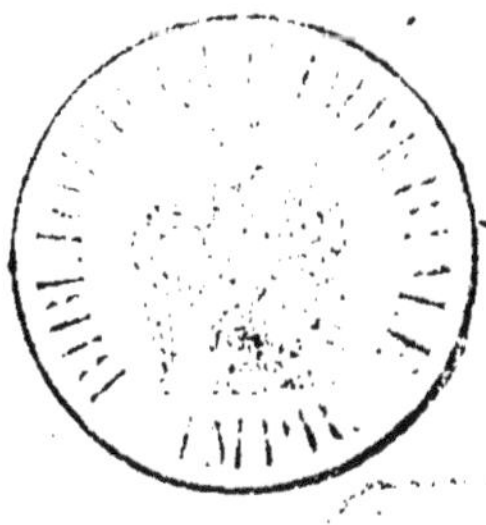

« La Police doit être essentiellement
» protectrice, et son action ne doit
» jamais se montrer tracassière. »

M. PIÉTRI, *Préfet de Police*

PARIS

TYPOGRAPHIE DE GAITTET ET COMPAGNIE

7, RUE GIT-LE-COEUR.

1855

PLAN DE L'OUVRAGE.

MAISON
DE
L'EMPEREUR.

—

Bibliothèques, Sciences, Beaux-Arts, Littérature.

—

Palais de l'Élysée, le 17 février 1853.

A M. Émile JÆGLÉ.

« MONSIEUR,

« J'ai été assez heureux pour appeler l'attention de l'Empereur sur les vers que vous avez bien voulu composer pour le mariage de l'Impératrice.

« Saluer ainsi le double règne qui s'inaugure, c'est acquérir un double droit aux sympathies de Sa Majesté pour les lettres.

« Je me félicite d'avoir à vous en assurer et de pouvoir vous remercier au nom du Souverain de l'hommage qui s'adresse à la Souveraine.

« Recevez, Monsieur, l'hommage de ma parfaite considération.

« Signé : J. LE FÈVRE-DEUMIER. »

CABINET
DU
PRÉFET DE POLICE.

—

Paris, le 10 décembre 1852.

A M. Émile JÆGLÉ.

« MONSIEUR,

« Je vous remercie de m'avoir envoyé le recueil que vous avez publié à l'occasion de l'avènement de l'Empire.

« J'ai lu ce recueil avec le plus grand intérêt et je ne puis qu'applaudir à l'heureuse idée que vous avez eue de rendre populaires les grandes pensées de Sa Majesté.

« Recevez, Monsieur, l'assurance de ma parfaite considération.

« Le Préfet de Police,
« PIÉTRI. »

CABINET
DU
PRÉFET DE POLICE.

—

Paris, le 4 février 1853.

A M. E. JÆGLÉ.

« Monsieur,

« Je vous remercie d'avoir bien voulu m'offrir un exemplaire du nouveau travail que vous avez publié à l'occasion du mariage de l'Empereur.

« Je l'ai lu avec le plus vif intérêt.

« Recevez, Monsieur, mes compliments et l'assurance de mes sentiments distingués.

« Signé : PIÉTRI. »

MINISTÈRE
D'ÉTAT.

—

Paris, le 28 décembre 1854.

A M. E. JÆGLÉ.

« Monsieur,

« J'ai reçu la lettre que vous m'avez adressée, le 13 de ce mois, pour appeler mon attention sur les petits traités populaires que vous publiez et demander un encouragement.

« Je ne peux qu'applaudir à la bonne pensée qui dicte vos écrits, etc., etc.

« Le Ministre d'État,
« Achille FOULD. »

ORIGINE DE LA POLICE.

L'on ne paraît pas, en général, s'être fait de la Police l'idée que son importance exige et que l'étendue de ses fonctions suppose. Autrefois, accoutumé à donner ce nom à un ordre d'administration minutieuse et tracassière, on n'a point vu qu'elle s'étendait à des objets de la plus grande utilité pour le bonheur du public et qu'elle entretenait l'harmonie de la société. On n'a point fait attention que cette partie du gouvernement était liée à toutes les autres branches de l'économie civile, à tous les rapports qui existent entre les hommes dans l'état de société. Cependant, en consultant l'histoire et en la prenant pour guide, on s'assurera que la Police a dû être la première forme de gouvernement parmi les nations qui se sont policées, comme l'indique l'étymologie du mot *police*, qui signifie dans son sens propre *soin de la ville*, et qui, pris d'une manière générale, désigne l'économie civile et l'administration universelle d'une nation. Cette étymologie annonce que son étendue fut d'abord limitée à l'enceinte d'une ville et que tout Etat a commencé par une cité. Il est hors de doute que tous les peuples civilisés qui existent se sont formés de la réunion de peuplades vivant chacune sans une discipline de cité, une police municipale particulière, et devant son origine à des brigands rassemblés pour faire la guerre, et civilisés ensuite par le besoin d'ordre et de subordination, même au milieu de leurs mœurs agrestes et barbares.

Nous n'oserions affirmer que la civilisation fut l'objet que se proposèrent les hommes en se réunissant, peut-être serait-ce une erreur. Il paraît que ce fut la guerre, soit de défense, soit de conquête. Mais, quels qu'aient été les motifs de cette union, la nécessité de l'ordre dut se faire sentir parmi les nouveaux associés. Ils se trouvèrent indispensablement obligés d'introduire une sorte de Police au milieu d'eux, Police sans doute très-grossière ; toutes leurs Lois, tout leur gouvernement, consistaient dans le maintien d'un ordre et d'une tranquillité relatifs.

Quoique la Police des premières cités se ressentit du caractère et des mœurs guerrières de leurs habitants, elle se perfectionna néanmoins chez plusieurs, et son influence sur le bonheur public devint plus sensible de jour en jour. Son objet s'étendit, sa force s'accrut à mesure que les hommes déposèrent une partie de leur férocité. Alors elle commença à s'approcher davantage d'une législation régulière, mais elle n'avait encore rien de fixe, n'ayant pour règle que l'usage et pour autorité que la tradition. Les attributions de la Police s'étendaient alors à tout ce qui pouvait être l'objet de la jouissance commune des habitants de la cité : places publiques, chemins, marchés, fontaines ; il fallut établir l'ordre dans la manière de participer à l'utilité que chacun avait droit d'en retirer.

Cette administration simple et grossière, en préparant les hommes à une plus grande civilisation, en faisant régner la paix, en établissant l'ordre au milieu des cités naissantes, facilita l'œuvre des législateurs et l'établissemeut de formes plus régulières de gouvernement.

Après l'établissement des Lois positives chez les anciens, la Police municipale fut restreinte à son pouvoir limité. Au lieu d'être le gouvernement elle-même, elle n'en forma plus qu'une partie. La Police fut chargée du maintien de la nouvelle administration et en devint le plus ferme appui ; elle conserva l'inspection des mœurs et de la discipline publique. Elle réformait les abus qui, sans attaquer la constitution d'une manière radicale, pouvaient donner lieu à des désordres dangereux. La nourriture du peuple, la fourniture des marchés, l'exactitude et la fidélité dans la vente des denrées, l'expulsion des charlatans, la poursuite des brigands, le soin des filles de joie, en un mot, tous les détails d'une garde et d'une surveillance sans lesquelles la société ne pourrait subsister, furent conservés à la Police et composèrent depuis son domaine.

Un des effets de l'introduction de la Police dans la société est l'existence de la morale publique, qui ne pouvait naître qu'au sein de l'ordre et du rapport que les hommes rapprochés aperçurent entre leurs devoirs et leurs intérêts. C'est du sein des villes policées que sont sortis les chefs-d'œuvre des arts et les maximes d'une morale douce et bienfaisante. C'est là que le génie médite et que la raison trouve des sujets de réflexion, tandis que le citoyen paisible peut se livrer avec sécurité au soin de sa famille. Ainsi la Grèce, peuplée d'une foule de petites villes libres policées, se civilisa promptement, tandis que les peuples errants d'une grande partie de l'Asie sont restés à demi sauvages.

La réunion des hommes en société, l'établissement de l'ordre et le maintien d'une Police vigilante au milieu d'eux, donnèrent encore naissance à un grand moyen de civilisation dont l'empire surtout est devenu prodigieux depuis le règne de la raison : c'est l'opinion publique. En effet, l'opinion publique est le plus puissant mobile des actions louables. « L'o- « pinion publique, dit M. Necker, règne sur tous « les esprits, et les princes eux-mêmes la respectent, « s'ils ne sont pas distraits par de trop grandes pas- « sions. Les uns la ménagent volontairement, par « l'ambition qu'ils ont de la faveur publique, et les « autres, moins dociles, y sont encore soumis sans « s'en apercevoir, par l'ascendant de ceux qui les « entourent. »

Les formes d'administration municipale, fondées sous la domination romaine, furent conservées lors de la conquête des Francs et modifiées depuis, selon que les mœurs se modifièrent elles-mêmes, ou à mesure que d'autres besoins se firent sentir.

Les premières dispositions législatives en matière de Police, dans notre pays, remontent au commencement du règne de Clovis. Elles se trouvent renfermées dans un recueil de Lois et d'Ordonnances connu sous le nom de *Loi salique*.

Ce recueil, se composant de soixante-douze titres, règle les divisions de la propriété, les droits de succession, les devoirs envers le chef de l'Etat et les rapports des individus entre eux.

Il contient, en outre, des dispositions sur la responsabilité des maires, pour les délits de leurs serviteurs et pour les dommages causés par les animaux domestiques. Il fixe les peines encourues par ceux qui portent atteinte à la morale publique, punit les dégradations faites aux monuments et prévoit même le cas où des accidents seraient occasionnés par l'imprudence de ceux qui font exécuter des travaux de terrassement.

On voit que, dès les premiers temps de la monarchie, les Lois ont sagement compris la nécessité et les détails des mesures de Police tendant à maintenir l'ordre au profit de tous et dans un intérêt commun.

Les Lois qui furent promulguées sous le règne de Charlemagne attestent que ce prince éclairé comprenait l'utilité d'une bonne Police dans son vaste empire et l'importance qu'il attachait à ce qu'elle fonctionnât avec régularité. Ces Lois, connues sous le nom de *Capitulaires*, contenaient des prescriptions sanitaires, des mesures relatives à la prostitution, au vagabondage et à la mendicité : elles établissaient des tarifs réglant le prix des denrées de première nécessité et fixaient un système d'unité de poids et mesures pour garantir la loyauté de la vente des marchandises.

Après Charlemagne, l'empire se trouva divisé entre plusieurs souverains, le pouvoir perdit cette unité qui, seule, fait la force et finit bientôt par tomber dans un état d'épuisement et de dissolution entraînant avec lui la ruine de l'ordre social qui donna naissance à la féodalité.

Alors tout fut remis en question ; le pouvoir royal méconnu, l'autorité suprême paralysée et même balancée par celle des seigneurs féodaux, qui ne reconnaissaient plus sa puissance, et qui s'attribuèrent l'administration de la justice ; les Lois anciennes furent abrogées et remplacées par des formules nouvelles, pour établir la preuve des faits et constater le droit des parties. De là, les épreuves du feu et de l'eau, les combats judiciaires, en un mot, ces pratiques ignorantes et superstitieuses mises en pratique sous le nom de *Jugement de Dieu.*

Cependant l'exercice de cette magistrature, toute expéditive qu'elle fût, ne tarda pas à lasser ces hommes portés par inclination au métier des armes. Ils déléguèrent leurs pouvoirs au plus éclairé d'entre leurs vassaux, auxquels ils attachèrent la dénomination de Baillis et de Sénéchaux, lesquels étaient investis d'une haute juridiction, ayant des subdélégués sous le titre de prévôts.

Dans cette organisation administrative et judiciaire, le prévôt de Paris, placé au premier rang, ne relevant que du Roi, avait des pouvoirs d'une étendue immense. Les règlements d'administration, posés par le prévôt de Paris, ayant été obligatoires pour tout le royaume jusqu'à la fin du XIVe siècle, le titre d'*ordonnance* leur fut appliqué comme aux décisions royales, et quoique ces mêmes actes n'aient plus aujourd'hui le même caractère, ce titre d'ordonnance est toujours depuis resté attaché aux arrêtés du Préfet de police.

Le prévôt de Paris réunissait dans sa personne plusieurs attributions de différentes natures : ceux de législateur, de magistrat municipal de l'ordre judiciaire, président du Châtelet, et enfin ceux d'un chef militaire, puisqu'il pouvait porter l'épée et commander des troupes. Il avait sous ses ordres une compagnie d'ordonnance, deux compagnies de sergents à pied et à cheval, appelés les uns *sergents à verges*, les autres *sergents du guet*. Ensuite, pour chaque quartier ou paroisse, il y avait des bourgeois soumis à l'élection, administrant sous le nom de *commissaires*, simultanément avec le prévôt, de qui ils recevaient des ordres immédiats.

N'y a-t-il pas une grande analogie entre ce qui existait sous le prévôt de Paris et ce qui existe maintenant ? Sauf modification, la Garde municipale, les Commissaires de police et Sergents de ville actuels ne sont-ils pas la reproduction de l'entourage du prévôt de Paris ?

L'accroissement de la population, l'augmentation de la somme des besoins du service public, augmentant les devoirs du prévôt, ce magistrat s'adjoignit, pour le seconder, deux lieutenants : l'un pour les affaires civiles, l'autre pour les affaires criminelles.

Cet état de chose subsista jusqu'en 1302, sous le règne de Philippe IV, dit *le Bel,* qui, en instituant le parlement de Paris, fit apporter de salutaires réformes dans toutes les branches de l'administration publique. Cette haute et nationale institution mit fin à l'arbitraire des prévôts et porta la première atteinte aux anciennes prérogatives de ce magistrat.

Mais ce fut Louis XII qui, en se réservant le droit de nommer le lieutenant civil et le lieutenant criminel, réduisit ainsi la charge de prévôt à un titre illusoire.

C'est à cette époque que le lieutenant civil, définitivement investi des attributions municipales et de la Police, présidait en même temps, comme tel, la chambre du Châtelet et jugeait les causes soumises à sa compétence.

Cependant, bien qu'il y eût un magistrat spécialement affecté à la direction de la Police, des conflagrations avaient lieu entre les autorités quelquefois rivales, dont les attributions n'étaient pas assez clairement définies par une législation quelque peu confuse.

Ces démêlés étant préjudiciables aux intérêts des administrés, et pour remédier aux inconvénients graves qui pouvaient en résulter, le Parlement, après de mûres délibérations, proposa à Louis XIV le célèbre édit de 1667 par lequel les attributions de Police furent confiées à un nouveau magistrat qui, sous le nom de *Lieutenant de Police*, réunissait entre ses mains des attributions longtemps éparses et incertaines, et qui, enfin fixées d'une manière certaine, devaient contribuer puissamment, par l'unité de direction qui leur était donnée, à introduire d'utiles améliorations dans le gouvernement de la cité.

La révolution de 1789 jeta la perturbation dans les pouvoirs établis. L'institution de la Police, ébranlée comme les autres, fut administrée par un comité permanent formé par les électeurs réunis à l'Hôtel de Ville. Ce fut le règne des sections auquel succéda bientôt celui des douze comités créés par la loi du 7 fructidor an II. L'unité d'action disparut de nouveau: cette Police brutale et sanguinaire des douze comités révolutionnaires, substituant la force et l'arbitraire de la violence à l'action régulière de la magistrature et des lois. Il serait superflu de dire que l'état normal et matériel de la cité ne reçut pas de grandes améliorations pendant ces mauvais jours.

La réaction thermidorienne ramena les choses à un état un peu plus normal ; mais ce ne fut que lors de la création de la Préfecture de police (mars 1800), que l'administration, réorganisée sur des bases durables, put fonctionner régulièrement ainsi qu'elle le fait encore aujourd'hui.

Pour nous résumer, nous dirons que la Police est une administration essentiellement utile et honorable en elle-même ; c'est sur elle que repose en quelque sorte l'édifice de la société. Sous son influence salutaire, les citoyens observent entre eux la paix et l'union sans lesquels il ne peut y avoir de repos public. Pour cela, elle étend son attention sur tout ce qui peut jeter le trouble ou l'inquiétude parmi eux. « Le pouvoir du magistrat de la Police, a dit un jurisconsulte français, M. Loyseau, approche et participe beaucoup plus de celui du prince que de celui du juge, qui ne doit que prononcer entre le demandeur et le défendeur ; car il fait des règlements par le seul intérêt du bien public, personne ne le postulant. » Une commission aussi délicate exige, on le voit, beaucoup de sagesse, de lumière, dans ceux qui en sont revêtus pour ne pas rester au-dessous de la mission qui leur est confiée. Enfin, ce pouvoir ne peut jamais être utile si ceux qui en sont revêtus ne sont point éclairés sur leurs fonctions et les droits respectifs des hommes, de leurs devoirs envers la société dont ils sont les représentants et les gardiens.

PREMIÈRE PARTIE

ADMINISTRATION DE LA POLICE

ORGANISATION

ATTRIBUTIONS

DU PRÉFET DE POLICE.

—

On l'a dit avec raison : « Si l'honneur est le prix du péril, si la dignité d'une fonction doit se mesurer sur les services qu'elle est appelée à rendre, le Préfet de police est le premier magistrat de la capitale. »

En effet, tel que nous le voyons dans l'arrêté du 12 messidor an VIII, les attributions du Préfet de police sont considérables.

ART. 2. — Le Préfet de police pourra publier de nouveau les Lois et Règlements de Police et rendre les ordonnances tendant à en assurer l'exécution.

ART. 21. — Le Préfet de police sera chargé de tout ce qui a rapport à la petite voirie, sauf le recours au Ministre de l'intérieur contre ses décisions. Il aura, à cet effet, sous ses ordres, un Commissaire chargé de surveiller, permettre ou défendre l'ouverture des boutiques, étaux de boucherie et de charcuterie; l'établissement des auvents ou constructions du même genre qui prennent sur la voie publique; l'établissement des échoppes ou étalages mobiles; d'ordonner la démolition ou réparation des bâtiments menaçant ruine.

Art. 22. — Le Préfet de police procurera la liberté et la sûreté de la voie publique et sera chargé, à cet effet, d'empêcher que personne n'y commette de dégradation; de la faire éclairer; de faire surveiller le balayage auquel les habitants sont tenus devant leurs maisons et de le faire faire aux frais de la ville dans les places et la circonférence des jardins et édifices publics; de faire sabler, s'il survient des verglas, et de déblayer, au dégel, les ponts et lieux glissants des rues; d'empêcher qu'on n'expose rien sur les toits ou fenêtres qui puisse blesser les passants en tombant; il fera observer les Règlements sur l'établissement des conduits pour les eaux de pluie et de gouttières.

Il empêchera qu'on y laisse vaguer des furieux, des insensés, des animaux malfaisants ou dangereux; qu'on ne blesse les citoyens par la marche trop rapide des chevaux ou des voitures, qu'on n'obstrue la libre circulation, en arrêtant ou déchargeant des voitures et marchandises devant les maisons, dans les rues étroites et de toute autre manière.

Le Préfet de police fera effectuer l'enlèvement des boues, matières malsaines, neiges, glaces, décombres, vases, sur les bords de la rivière après les crues des eaux. Il fera faire des arrosements dans la ville, dans les lieux et la saison convenables.

Art. 25. — Il assurera la salubrité de la ville, en prenant des mesures pour prévenir et arrêter les épidémies, les épizooties, les maladies contagieuses; en faisant observer les règlements de Police sur les inhumations; en faisant enfouir les cadavres des animaux morts, surveiller les fosses vétérinaires, la construction, l'entretien et la vidange des fosses d'aisances; en faisant arrêter, visiter les animaux suspects de mal contagieux et mettre à mort ceux qui en seront atteints; en visitant les échaudoirs, fondoirs, salles de dissection et basse geole; en empêchant d'établir dans l'intérieur de Paris des ateliers, manufactures, laboratoires et maisons de santé qui doivent être hors de l'enceinte des villes, selon les Lois et Règlements; en empêchant qu'on ne jette ou dépose dans les rues aucune substance malsaine; en faisant saisir ou détruire dans les halles, marchés et boutiques, chez les bouchers, boulangers, marchands de vins, brasseurs, limonadiers, épiciers, droguistes, apothicaires ou tous autres, les comestibles ou médicaments gâtés, corrompus et nuisibles.

Art. 24. — Il sera chargé de prendre les mesures propres à prévenir ou arrêter les incendies. Il donnera des ordres aux pompiers, requerra les ouvriers charpentiers, couvreurs, requerra la force publique et en déterminera l'emploi. Il aura la surveillance du corps des pompiers ; le placement et la distribution des corps-de-garde et magasins de pompes, réservoirs, tonneaux, seaux à incendies, machines et ustensiles de tout genre destinés à les arrêter.

En cas de débordement et de débâcle, il ordonnera les mesures de précaution, telles que : déménagement de maisons menacées, rupture de glaces, garage de bateaux. Il sera chargé de faire administrer des secours aux noyés. Il déterminera, à cet effet, des boîtes fumigatoires et autres moyens de secours.

Il accordera et fera payer les gratifications et récompenses promises par les Lois et Règlements à ceux qui retirent les noyés de l'eau.

PREROGATIVES

DU PRÉFET DE POLICE.

—

Tous les agents de la Préfecture de police dépendent exclusivement du Préfet ; il peut révoquer ceux dont la nomination lui appartient et les suspendre tous ; il règle leurs traitements et dispose d'eux en toute liberté.

Le Préfet de police, pour l'accomplissement de ses fonctions, est investi de deux droits importants qui sont comme la base et le couronnement de son autorité.

Il fait, comme on vient de le voir, des Règlements qui ont force de loi ; il livre aux tribunaux ceux qui violent ces Règlements et a droit de décerner des mandats contre tout prévenu de crime ou de délit.

Le pouvoir de faire des Règlements appartient à tous les Maires, et c'est comme exerçant uue partie de leurs fonctions que le Préfet de police en est investi ; mais les Maires sont subordonnés aux Préfets, et à Paris, le magistrat chargé de la Police est à la fois Maire et Préfet; pour ses attributions spéciales il ne relève que du Ministre.

L'étendue de sa juridiction, son rang dans l'ordre administratif, la grandeur des intérêts soumis à son autorité, contribuent également à donner de l'importance aux mesures qu'il a prescrites.

La Loi, comme pour les placer au-dessus des simples règlements des maires, les qualifie d'ordonnances, à l'instar des dispositions qui émanent de la puissance royale, dit M. Vivien.

MÉCANISME

DE LA PRÉFECTURE DE POLICE.

Le célèbre écrivain que nous venons de nommer, dans ses études administratives, a tracé en quelques lignes remarquables de précision et de clarté les rouages de cette vaste administration dont il a été le chef, pendant quelque temps, en 1831 :

« Le Préfet de police doit surveiller plus qu'agir, prescrire plus qu'exécuter, et, bien que ses employés supérieurs soient nombreux, c'est surtout au dehors et dans les services actifs que se manifeste son pouvoir. »

LES BUREAUX.

Les bureaux concertent les mesures à prendre, donnent l'impulsion, recueillent et constatent les résultats ; ils préparent, délibèrent, organisent ; ils sont la pensée et l'intelligence.

Les services actifs surveillent, exécutent, empêchent, préviennent, répriment. En rapport immédiat avec les citoyens, ils occupent tous les points, le jour, la nuit ; ils sont les yeux, les bras de l'administration. Mais, dans la multitude des devoirs qu'ils ont à remplir, le rôle d'instruments passifs et muets ne suffirait pas, et leur obéissance a toujours besoin d'être éclairée par la réflexion et guidée par le discernement.

Le travail intérieur est distribué selon les diverses attributions du Préfet. Le cabinet particulier traite seul les affaires politiques. Là, dans le secret, sous la garantie d'une confiance réciproque, se suivent les affaires les plus délicates, celles qui touchent à la sûreté de l'Etat, aux manœuvres des factions, aux sociétés secrètes, à leurs conciliabules ; affaires périlleuses qui engagent la responsabilité du chef, et dont il doit se réserver l'appréciation directe et exclusive.

Deux divisions se partagent les affaires non politiques ; le secrétariat général dirige les intérêts propres à l'administration considérée en elle-même, le personnel, le matériel, et un certain nombre d'objets non classés dans les divisions.

Les bureaux ne diffèrent de ceux des Ministres ou

des grandes administrations qu'en ce qu'ils exigent, des employés qui les composent, une promptitude spéciale d'examen, de décision et d'expédition.

L'organisation des services extérieurs est forte et puissante.

Chacun sait que Paris est divisé en douze arrondissements et quarante-huit sections : dans chaque arrondissement est établie une brigade d'Inspecteurs et de Sergents de ville, sous la direction d'un Officier de paix ; dans chaque section réside un Commissaire de police secondé par un ou deux secrétaires, collaborateurs sédentaires, et par un Inspecteur de police au moins et un Porte-Sonnette, agents extérieurs et d'exécution.

COMMISSAIRES DE POLICE.

Les Commissaires de police sont nommés par décret impérial et relèvent à la fois du Préfet de police qui les tient sous son autorité et du Procureur impérial dont la Loi les a faits les auxiliaires.

Ils ont leur bureau toujours ouvert et y remplissent un ministère de conciliation et d'ordre fort utile, fort apprécié de la population parisienne, qui trouve en eux des arbitres et des pacificateurs. Ils se tiennent à la disposition des citoyens qui réclament assistance dans quelque trouble public ou privé, reçoivent et interrogent les individus arrêtés, veillent à l'exécution des Ordonnances de police, à tout ce qui concerne la salubrité, la propreté, etc, Pendant quelque temps, ils portèrent le titre de *Magistrats de sûreté*, et peut-être, à Paris, auraient-ils dû le conserver, car ils remplissent une véritable magistrature, et la sûreté des citoyens trouve en eux d'énergiques défenseurs. Ils entretiennent des relations directes et journalières avec le Préfet qui les emploie dans tous les services de l'administration.

Les Officiers de paix, les Inspecteurs non attachés aux Commissaires et les Sergents de ville appartiennent à un bureau central, placé auprès du Préfet sous la direction d'un Commissaire, et désigné sous le nom de *Police municipale*.

POLICE MUNICIPALE.

La Police municipale est la source de toute surveillance de la cité ; c'est elle qui répartit dans les douze arrondissements les brigades attribuées à chacun et met en mouvement, selon les circonstances et les besoins de chaque jour, les brigades centrales réunies autour d'elle : les unes sans affectation spéciale, toujours disponibles à titre de renfort général, les autres chargées d'attributions distinctes, surveillant les malfaiteurs, les filous ou les prostituées, les voitures publiques ou les hôtels garnis; toutes constituées de manière à pouvoir se réunir à la fois, en un instant, sur le même lieu, pour intervenir, au nom de la Loi, dans tout ce qui menace le repos des citoyens.

La Police municipale constitue une force permanente et une réserve éventuelle; son organisation vient d'être ainsi réglée :

RAPPORT A L'EMPEREUR.

« SIRE,

« Dans votre constante sollicitude pour le bien-être et la sécurité des citoyens, vous avez porté votre attention sur l'état actuel de la Police municipale à Paris. Frappé de l'excellente organisation de celle de Londres, de son efficacité contre les malfaiteurs, des services de chaque instant et de toute sorte qu'elle rend aux habitants, vous avez désiré que la Police parisienne ne lui restât pas inférieure; vous avez particulièrement voulu que, dans les détails de son service quotidien, elle pût, au grand avantage de tous, pratiquer à chaque pas cette bienveillante protection des propriétés et des personnes dont l'incessant bienfait rend en Angleterre l'intervention du policeman si populaire et si respectée. Dans ce but, vous avez ordonné qu'il fût fait une étude comparative des deux institutions, et que les améliorations révélées par cette étude vous fussent proposées : je viens soumettre à Votre Majesté les résultats de ce travail.

« Ce que l'on remarque, dès l'abord, dans l'organisation de la Police à Londres et ce qui constitue, en effet, le principe fondamental de son action, c'est la présence partout, jour et nuit, à toute heure, de nombreux agents dont chacun, chargé de la surveillance exclusive d'un espace très-circonscrit, le parcourt constamment, en connaît à fond la population et les habitudes, se trouve toujours là, prêt à donner son appui à quiconque le réclame, et, par ses allées et venues continuelles, ne laisse aux malfaiteurs le loisir ni de consommer ni même de préparer sur place leurs coupables projets. Il y a incontestablement, dans les mailles si serrées de cette vigilance tutélaire, une grande garantie de sécurité pour les citoyens. En doter Paris serait un incontestable bienfait ; mais l'œuvre serait impossible si l'on maintenait au chiffre actuel le personnel de la Police municipale.

« Ce personnel donne à peine aujourd'hui un effectif réel de 750 Sergents de ville ; 300 environ sont employés à des services spéciaux ou extraordinaires ; 450 seulement restent pour la surveillance des douze arrondissements, et encore y a-t-il à déduire les absents pour maladies, congés ou autres causes. S'il fallait affecter ces 450 hommes à une surveillance par circulation continue, chaque homme ne pouvant guère marcher que huit heures sur vingt-quatre, 150 seulement seraient à la fois sur pied. Pour les 48 sections de Paris, ce serait trois hommes par section. Un pareil service ne serait pas sérieux. Aussi, dans l'organisation actuelle, a-t-on dû se borner à n'avoir, pendant le jour, que des plantons sur les principaux points de la cité, et, pendant la nuit, qu'un certain nombre de rondes dont on appréciera l'efficacité quand on saura que chacune doit, en moyenne, surveiller 825,000 mètres carrés de terrain et 26,325 habitants.

« A Londres, les constables seuls, sans compter les surintendants, les inspecteurs, les sergents ni les auxiliaires, dont le chiffre varie, sont au nombre de 4,764. C'est un effectif quintuple de l'effectif parisien pour une population qui ne dépasse pas le double de la population parisienne. En présence de ces chiffres, je crois devoir demander à Votre Majesté une augmentation du personnel qui permette une organisation plus efficace. La Police municipale de Paris comprendrait alors, sous la direction d'un Commissaire de police, chef, assisté comme aujourd'hui d'un sous-chef et de douze commis : 1° Pour les services généraux, tels qu'ils sont actuellement organisés, 12 Officiers de paix, 12 Inspecteurs principaux, 18 Brigadiers, 31 Sous-Brigadiers, 461 Sergents de ville et 20 Auxiliaires ; en tout, 554 hommes ; 2° Pour la surveillance continue des douze arrondissements, 12 Officiers de paix, 36 Brigadiers, 288 Sous-Brigadiers, 2,415 Sergents de ville et 241 auxiliaires ; en tout, 2,992 hommes.

« Il y aurait, en outre, sous l'autorité du Préfet, un Commissaire de police chargé du contrôle général des services extérieurs de la Préfecture, et assisté à cet effet d'un Secrétaire, d'un Officier de paix, d'un Brigadier, de deux Sous-Brigadiers et de vingt Agents.

« Le service de surveillance continue des douze arrondissements (le seul qui dans cette combinaison soit pour Paris une création nouvelle) se baserait sur la division topographique des sections en un certain nombre d'îlots. Chaque îlot serait parcouru, sans interruption, par un agent affecté à la surveillance exclusive de son périmètre ; si cet agent avait besoin d'aide, à un signal donné, les agents des îlots voisins accourraient lui prêter main-forte, et, s'il le fallait, ils seraient appuyés par la double réserve d'agents et de gardes de Paris établie au poste central de la section.

« Dans chaque section, deux Sous-Brigadiers seraient toujours de service, l'un restant au poste avec la réserve, l'autre parcourant tout le ressort pour vérifier si les agents s'acquittent avec soin et exactitude de leurs devoirs. Dans chaque arrondissement, enfin, trois brigadiers se partageraient l'inspection continuelle du service, dans l'ensemble, pour l'arrondissement ; et toutes les sections qui en dépendent seraient sous la direction et la responsabilité d'un Officier de paix.

« Par cette combinaison, sans compter les petits postes qui, comme bureaux de renseignements, pourraient être disséminés dans les quartiers, il y aurait dans chaque section un poste central pour lequel une construction spéciale pourrait, indépendamment du local destiné aux hommes de service, aux pompes à incendie et à une réserve fournie par la garde de Paris, contenir le logement du Commissaire de police de la section, celui de l'Officier de paix et de tout ou partie des hommes attachés avec lui à la surveillance de la section. Les loyers payés par ces fonctionnaires et agents couvriraient certainement l'intérêt de la dépense, et cette centralisation permanente de la force publique offrirait, sur les inconvéniens de la dissémination actuelle, des avantages évidents.

« Telles sont, Sire, les conditions fondamentales de l'organisation que j'ai l'honneur de proposer à Votre Majesté ; avec les accessoires qui s'y rattachent, elle entraînera une dépense annuelle d'environ 5,600,000 francs (c'est 3 millions de moins qu'à Londres). La ville de Paris n'affecte aujourd'hui à la Police municipale qu'un crédit d'environ 1,535,000 fr., et cependant, quoi qu'elle doive naturellement supporter dans ce surcroit de dépense de la part principale, cette grande cité n'en accueillera pas moins avec satisfaction cette combinaison nouvelle ; elle comprend de quel prix seront pour ses habitants, pour les nombreux étrangers qui la visitent et la vivifient, cet immense bienfait d'une sécurité absolue, et aussi cette présence continue, dans ses rues populeuses, d'hommes dévoués toujours prêts à donner, au premier appel, aide, renseignement ou protection.

« Le département de la Seine trouvera d'ailleurs, dans l'impuissance forcée à laquelle seront presque toujours réduits les malfaiteurs, une notable diminution dans le personnel de ses prisons, et conséquemment dans la dépense qu'elles entraînent.

« Mais il ne serait pas juste que l'État restât étranger aux charges de cette organisation nouvelle : nos Lois ont déjà consacré cet équitable principe, que là où l'ordre et la paix dans la cité impliquent plus ou moins directement l'ordre et la tranquillité dans l'Empire, ces deux intérêts solidaires se défendent à frais communs, il en est ainsi pour la Police municipale de Lyon, dont l'État paye les deux tiers ; il doit à bien plus forte raison en être de même pour Paris. La tranquillité de la ville où réside l'Empereur, où sont concentrés les ressorts du gouvernement central, d'où l'autorité rayonne et se communique à tous les fonctionnaires de l'Empire, est incontestablement un intérêt général de premier ordre.

« L'État, d'ailleurs, y trouvera d'amples compensations ; en présence de cette organisation puissante, présente toujours et partout, les fauteurs de troubles, dès leurs premiers pas, seraient arrêtés dans leurs coupables tentatives, et l'un des résultats les plus évidents de ce nouvel état de choses serait, indépendamment de la suppression d'une foule de petits postes militaires, désormais inutiles, la disponibilité d'une portion notable de la garnison, qu'il faut aujourd'hui entretenir dans la capitale. Quelques mille hommes de moins dans cet effectif militaire couvriraient et au delà la quote-part de dépenses que l'État prendrait à sa charge. En réalité, cette transformation donnerait, pour le maintien de la paix publique, à moins de frais, une force plus efficace.

« Si ce système, dont les détails pratiques seraient réglés par des Ordonnances spéciales du Préfet de police, était adopté par Votre Majesté, je la prierais de signer le projet de décret joint à ce rapport. La même volonté, qui fait si rapidement de Paris la ville la plus magnifique, en aurait bientôt fait la ville la plus tranquille et la plus sûre ; or, ce bienfait vaut au moins l'autre, et serait tout aussi apprécié de la France et de l'Europe.

« Je suis avec le plus profond respect,

« Sire,

« De Votre Majesté,

« Le très-humble et très-obéissant serviteur et très-fidèle sujet,

« *Le Ministre secrétaire d'État au département de l'Intérieur,*

« **BILLAULT.** »

NAPOLÉON,

Par la grâce de Dieu et la volonté nationale, Empereur des Français,

A tous présents et à venir, salut.

Sur le rapport de notre Ministre secrétaire d'État au département de l'Intérieur,

Avons décrété et décrétons ce qui suit :

Article premier. — Le personnel de la Police municipale de la ville de Paris est fixé, quant au cadre et aux traitements, conformément au tableau annexé au présent décret.

Art. 2. — Les traitements déterminés par l'article précédent seront payés dans la proportion de trois cinquièmes par la Ville et de deux cinquièmes par l'État.

Art. 3. — Notre Ministre secrétaire d'État au département de l'Intérieur est chargé de l'exécution du présent décret.

Fait au palais des Tuileries, le 17 septembre 1854.

NAPOLÉON.

Par l'Empereur,

Le Ministre secrétaire d'État au département de l'Intérieur,

Billault.

TABLEAU *portant règlement du cadre et des traitements de la Police municipale à Paris.*

CADRE DU PERSONNEL.				TRAITEMENTS
	1° Police municipale.			
1	Commissaire de police, chef de la Police municipale			10,000
1	Sous-Chef			5,000
12	Commis			24,000
	24 Officiers de paix :			
12	d'arrondissement à	3,000	36,000	87,000
4	brigades centrales à	3,500	14,000	
4	(services divers) à	4,000	16,000	
3	(services divers) à	5,000	15,000	
1	sûreté à	6,000	6,000	
12	Inspecteurs principaux			86,000
54	Brigadiers à		1,800	97,200
319	Sous-Brigadiers à		1,600	510,400
2,876	Sergents de ville ou Inspecteurs de police, dont :			
500	à	1,500	750,000	3,801,200
600	à	1,400	840,000	
800	à	1,300	1,040,000	
979	à	1,200	1,171,200	
261	Auxiliaires à 3 fr. par jour (1,095fr. par an)			285,595
1	médecin chef du serv. médical		3,500	22,700
12	médecins d'arrond. à	1,600	19,000	
	2° Contrôle général.			
1	Commissaire de police contrôleur des services extér. de la Préfecture.			8,000
1	Secrétaire			2,000
1	Officier de paix			4,000
1	Brigadier			1,800
2	Sous-Brigadiers			3,200
20	Inspecteurs dont 10 à 1500 et 10 à 1400			29,000

Vu pour être annexé au décret du 17 septembre 1854.

NAPOLÉON.

RAPPORT A L'EMPEREUR.

Paris, le 17 septembre 1854.

« Sire,

« Votre Majesté vient de décréter une nouvelle organisation de Police municipale de Paris : il importe qu'au printemps prochain l'immense affluence qu'attirera l'Exposition trouve cette utile institution en pleine activité. J'ai, en conséquence, l'honneur de proposer à Votre Majesté, sur l'exercice 1854, l'ouverture d'un crédit extraordinaire de quatre cent quatre-vingt-dix-sept mille sept cent trente francs.

« Je suis avec le plus profond respect,

« Sire,

« De Votre Majesté,

« Le très-humble, très-obéissant serviteur et très-fidèle sujet,

« *Le Ministre secrétaire d'État au département de l'Intérieur,*

« Billault. »

NAPOLÉON,

Par la grâce de Dieu et la volonté nationale, Empereur des Français,

A tous présents et à venir, salut :

Vu le décret en date de ce jour, portant organisation de la Police municipale de Paris ;

Sur le rapport de notre Ministre secrétaire d'État au département de l'Intérieur,

Avons décrété et décrétons ce qui suit :

ARTICLE PREMIER. — Il est ouvert à notre Ministre de l'Intérieur, sur l'exercice 1854, un crédit extraordinaire de quatre cent quatre-vingt dix-sept mille sept cent trente francs, pour concourir au payement de la dépense résultant de la nouvelle organisation de la Police municipale de Paris, pendant l'année 1854.

ART. 2. — Ce crédit, imputable sur les ressources ordinaires de l'exercice 1854, sera ultérieurement soumis au Corps législatif.

ART. 3. — Nos Ministres secrétaires d'État, aux départements de l'Intérieur et des Finances sont chargés, chacun en ce qui le concerne, de l'exécution du présent décret.

Fait au Palais des Tuileries, le 17 septembre 1854.

NAPOLÉON.

Paris, le 2 décembre.

Nous, Préfet de Police,

Vu le décret du 17 septembre 1854, portant réorganisation de la Police municipale de Paris ;

Attendu qu'il importe que le recrutement des hommes destinés à compléter le corps de la Police soit fait avec le plus grand soin et de manière à remplir le but du décret susénoncé,

Arrêtons ce qui suit :

Article premier. — On ne pourra être admis dans la Police Paris si l'on ne réunit les conditions suivantes :

1° Être âgé de vingt-et-un an au moins et de trente ans au plus.

Les anciens militaires seront reçus jusqu'à trente-cinq ans, pourvu qu'ils justifient, indépendamment de leur congé, d'un certificat de bonne conduite au corps ;

2° Avoir au moins la taille de 1 mètre 66 centimètres ;

3° Être de bonne constitution ;

4° Savoir lire et écrire, et avoir l'intelligence et l'aptitude nécessaires pour faire un bon service ;

5° Être porteur d'un certificat de moralité et de bonne conduite délivré dans la forme des certificats exigés par la Loi sur le recrutement de l'armée.

Art. 2. — Les candidats seront visités par le médecin en chef de la Police municipale, qui vérifiera s'ils sont de bonne constitution et propres au service.

Art. 3. — Ils seront ensuite examinés par une commission de recrutement, qui donnera son avis sur la capacité et l'aptitude des candidats.

Art. 4. — Cette commission sera composée :

Du Secrétaire-Général de la Préfecture de police, président ;

Du Chef de la Police municipale ;

Du Contrôleur-général ;

Du Secrétaire particulier du Préfet de police,

Et du Chef du premier bureau du secrétariat-général remplissant les fonctions de secrétaire.

Art. 5. — Le certificat du médecin, l'avis de la commission, ensemble les pièces produites par le candidat à l'appui de sa demande, seront transmis à M. le Préfet de police, qui statuera.

Art. 6. — Le Secrétaire-général est chargé de l'exécution du présent arrêté.

Le Préfet de Police,

PIETRI.

Pour expédition conforme :

Le Secrétaire-général :

A. de Saulxure.

DEUXIÈME PARTIE

POLICE ADMINISTRATIVE

CONTRAVENTIONS

CONTRAVENTIONS.

—

L'infraction que les Lois punissent des peines de Police est une contravention, dit l'article 1er du Code pénal.

Il importe donc de ne pas perdre de vue qu'aujourd'hui, dans le langage de la Loi, le mot de contravention désigne un fait de simple Police punissable : soit d'une amende de 15 francs ou au-dessous, soit d'un emprisonnement de cinq jours ou audessous.

Les contraventions ont été établies, dit Nougarède dans son rapport au Corps législatif, pour obliger les citoyens à vivre selon les règles de la société civile.

L'article second du Code d'instruction criminelle charge MM. les Maires, Adjoints et Commissaires de police de recevoir, comme Officiers de police judiciaire, les rapports, dénonciations et plaintes qui concernent toutes les contraventions.

Les rapports relatifs aux contraventions doivent énoncer d'une manière claire et précise :

1° La nature et les circonstances des contraventions ;

2° Le temps et le lieu où elles ont été commises ;

3° L'évaluation du dommage, surtout quand c'est le dommage qui règle l'amende ;

4° Les preuves et indices à la charge des prévenus ;

5° Les noms, professions et demeures des plaignants, des témoins, s'il en existe, et des contrevenants s'ils sont connus ; l'âge des contrevenants quand, à raison de l'âge, leurs parents sont civilement responsables ; les noms, professions et demeures des personnes soumises à la responsabilité civile résultant de la contravention.

Dans l'énonciation du temps de la contravention, il ne faut jamais omettre l'*heure*, surtout quand l'heure est une circonstance aggravante ou atténuante, susceptible de modifier la nature même du fait ou d'avoir quelque influence sur l'application du minimum de la peine.

Quant aux autres circonstances, elles sont trop nombreuses pour en donner des exemples. On évitera toute omission à cet égard, en faisant une lecture et en se pénétrant de toutes les dispositions de la Loi qui prévoit la contravention que l'on est appelé à constater.

Aucune contravention ne peut donner lieu à arrestation, même quand la Loi prononcerait l'emprisonnement de simple Police. On ne peut pas, non plus, prononcer l'arrestation dans les cas de délits correctionnels qui n'entraînent qu'une amende.

PRINCIPALES CONTRAVENTIONS

A CONSTATER.

1° Les caisses, pots à fleurs et autres objets dont la chute peut occasionner des accidents, qui seraient placés ailleurs que sur des balcons et sur les appuis des croisées garnies de balustrades en fer, ou de barres transversales en fer, avec grillage en fil de fer maillé jusqu'à la barre la plus élevée, ainsi que l'écoulement d'eau sur la voie publique résultant de l'arrosement de ces fleurs (*Ord. du 23 oct. 1844*) ;

2° Les embarras causés par les démolitions ou autres objets entravant la voie publique, tels que barrières pour conduite d'eau, etc., la négligence d'éclairer la nuit ces démolitions, ou tout ce qu'on aurait la permission d'y laisser et déposer momentanément (*Ord. du 23 nov. 1831, et art. 471 du Code pénal*);

3° Les voitures, cabriolets, charrettes et chevaux abandonnés par leurs conducteurs (*Art. 471 du Code pénal*);

4° Les bouchers allant au trot dans leurs charrettes, ou lorsque leurs charrettes ne sont pas couvertes (*Ord. des 3 oct. 1827 et 9 mai 1832*);

5° Les charretiers montés sur leurs chevaux (*Ord. du 9 mai 1831* ;

6° Ceux qui ne cèdent pas la moitié du pavé, ou ne se tiennent pas à la portée de leurs chevaux (*Art. 475 du Code pénal*);

7° Les conducteurs de bêtes de somme qui en sont éloignés (*Art. 475 du Code pénal*);

8° Les réverbères, les rues, quais, places, ponts, etc., qui seraient éteints avant les heures fixées. Voir à ce sujet le tableau d'éclairage déposé dans les postes, et l'article 30 de la présente instruction ;

9° Les cafés, marchands de vin et tout débitant de boissons qui, sans autorisation spéciale de M. le Préfet de police, ont leurs établissements ouverts après onze heures du soir, ou même si, quoique ayant fermé, on est assuré qu'il existe une réunion chez eux. Dans ces deux cas, on doit se borner à déclarer procès-verbal au cabaretier, la garde municipale n'ayant pas qualité pour faire ouvrir la porte de l'établissement afin d'en faire sortir les personnes qui s'y trouvent, à moins qu'il n'y ait tapage ou danger pour quelqu'un à l'intérieur (*Ord. du 3 avril* 1819, *et lettres de M. le Préfet de police des* 24 *déc.* 1835 *et* 11 *janv.* 1836);

10° Les portes d'allées ouvertes après onze heures du soir, seulement, quoique l'ordonnance de police du 8 novembre 1780 fixe cette fermeture à 8 heures en hiver, et à 10 heures en été (ce retard est toléré par la préfecture de police); *Voy.* l'art. 29.

11° Les armes à feu, pétards, fusées et autres pièces d'artifice tirés dans les rues ou par les fenêtres (*Art.* 471 *du Code pénal et ord. du* 29 *août* 1829);

12° Tout déménagement fait la nuit. (Cette contravention peut donner lieu à une arrestation, lorsque les personnes qui déménagent ne justifient pas qu'elles sont propriétaires des objets transportés);

13° Les individus qui font le métier de deviner ou pronostiquer, ou, enfin, d'expliquer les songes (*Art.* 379 *du Code pénal*). Inviter le contrevenant à se rendre chez le Commissaire de police;

14° Les personnes qui brûlent de la paille sur la voie publique, qui suspendent, au-devant des murs de face des maisons riveraines de la voie publique, des écriteaux servant à faire connaître les maisons, appartements, chambres, magasins et autres objets à vendre ou à louer, sans attacher ou appliquer contre les murs lesdits écriteaux; les personnes qui jettent des pierres ou des bâtons dans les arbres bordant les contre-allées des boulevarts et promenades, qui suspendent à ces arbres des écriteaux, enseignes, lanternes ou autres objets, ou y attachent des animaux ou des cordes pour faire sécher du linge, des étoffes ou autres choses ;

15° Les maréchaux-ferrants, layetiers, emballeurs, serruriers, tonneliers, batteurs de plâtre, scieurs et tailleurs de pierre, scieurs de long et autres qui travaillent ou font travailler sur la voie publique; les épiciers, limonadiers et autres qui brûlent ou font brûler sur la voie publique, du café et autres denrées ;

16° Les jeux de palets, de tonneaux, de siam, de quilles, de volants et tous autres jeux capables de gêner la circulation et occasionner des accidents;

17° Le parcours à cheval ou en voiture, même avec des voitures traînées à bras, des contre-allées des boulevarts intérieurs de la capitale et de toutes les parties des promenades publiques, non closes, réservées aux piétons (*Ord. du* 8 *août* 1829);

18° Les personnes qui, ayant une cour ou une porte-cochère, déposeraient des ordures, immondices, pailles et résidus quelconques sur une partie de la voie publique. Ces objets doivent être portés dans les voitures du nettoiement au moment de leur passage. Quant aux habitants des maisons qui n'ont ni cour ni porte-cochère, ils pourront déposer ces ordures dans la rue avant sept heures du matin, depuis le 1er avril jusqu'au 1er octobre, et avant huit heures le reste de l'année. — Toutefois, les résidus répandant une odeur infecte ne devront jamais être déposés sur la voie publique, ils seront portés directement aux voitures du nettoiement (*Ord. du* 5 *nov.* 1846) ;

19° Les individus qui essayeraient des chevaux dans les rues de Paris (*Ord. du* 9 *mars* 1846) ;

20° Les personnes qui jetteraient des ordures ou des eaux par les fenêtres (*Art.* 471 *du Code pénal, et ord. du* 1er *août* 1820) ainsi que celles qui, en arrosant le devant de leurs maisons, lanceraient l'eau de manière à éclabousser les passants (*Ord. du* 27 *juin* 1843), ou qui laveraient les devantures de leurs boutiques après les heures fixées pour le balayage, c'est-à-dire après sept heures du matin, du 1er avril au 1er octobre, et après huit heures le reste de l'année (*Ord. du* 5 *nov.* 1846);

21° Les ouvriers en boutique qui troubleraient le repos public en travaillant avant quatre heures du matin et après neuf heures du soir, du 1er avril au 30 septembre, et avant cinq heures du matin et après neuf heures du soir, du 1er octobre au 31 mars (*Ord. du 5 oct.* 1823) ;

22° Les personnes qui laveraient du linge dans les fontaines publiques (*Ord. du* 21 *sep.* 1827), ou qui en laveraient dans le canal Saint-Martin, ailleurs que dans les bateaux affectés à cette destination (*Ord. du* 23 *oct.* 1840, *art.* 117) ;

23° Les individus qui déchargeraient ou scieraient du bois sur les trottoirs, ou qui fendraient du bois sur la voie publique ;

24° Quiconque, faisant exécuter des travaux aux bâtiments riverains de la voie publique pouvant faire craindre des accidents, ne placerait pas un ou deux hommes dans la rue pour en écarter les passants (*Ord. de Police du* 8 *août* 1829, *et art.* 479 *du Code pénal*), et quiconque, pendant la nuit, ferait faire à ces maisons des réparations sans autorisation du Préfet ;

25° Les personnes qui ne retiennent pas leurs chiens lorsqu'ils attaquent ou poursuivent les passants (*Art.* 475 *du Code pénal*) ;

26° Quiconque aurait, pendant la nuit, laissé des échelles ou autres instruments dans les rues dont puissent abuser les voleurs et autres malfaiteurs (*Art.* 470 *du Code pénal*) ;

27° Les personnes qui, étant étrangères au service du nettoiement de Paris, auraient ramassé des boues, immondices, petit fumier, etc. (*Ord. du* 25 *nov.* 1831);

28° Ceux qui jetteraient des pierres ou autres corps durs et immondices dans le canal Saint-Martin (*Ord. du* 10 *juin* 1826);

29° Les laitières qui s'établiraient sur la voie publique, sans être munies d'une permission de l'autorité, ou qui vendraient à leurs places des fruits ou légumes, ou, enfin, qui ne seraient pas retirées à dix heures du matin au plus tard. (*Ord. du* 1er *oct.* 1830);

30° Les individus qui établissent ou tiennent, dans les rues, chemins, places ou lieux publics, des jeux de loterie, ou d'autres jeux de hasard (*Ord. du* 26 *juil.* 1777, *et art.* 47 *et* 477 *du Code pénal*). Conduire les contrevenants chez le Commissaire de police.

31° Les individus qui montrent dans les rues de Paris des animaux malfaisants, tels que les ours, singes, etc., sans être munis d'une permission spéciale du Préfet de police (*Ord. du* 3 *août* 1828);

32° Quiconque pousserait les boues et immondices devant la propriété de ses voisins (*Ord. du* 27 *mars* 1834);

33° Les marchands qui placent sous leurs balances des supports qui gênent la liberté de leurs mouvements (*Ord. du* 12 *avril* 1831);

34° Les conducteurs de voitures de roulage, dites maringotes, attelées d'un seul cheval, qui conduiraient plus de trois voitures à la fois avec un seul conducteur; et ceux qui, faisant conduire plusieurs convois qui se suivraient, ne laisseraient pas entre eux une distance de 5 mètres au moins;

35° Les personnes qui ne casseraient pas les glaces au devant de leurs maisons; qui, en cas de verglas, n'y jetteraient pas de la cendre, du sable ou du mâchefer; qui déposeraient dans les rues des neiges et glaces provenant des cours des habitations; qui en jetteraient auprès des grilles et bouches d'égouts ou dans ces égouts; et enfin celles qui formeraient des glissades sur les boulevards, places et autres parties de la voie publique (*Ord. du 7 déc.* 1842);

36° Les propriétaires de voitures de roulage et de toute espèce de voitures, même traînées à bras, servant au transport des marchandises, matériaux et autres objets, qui n'auraient point cloué, en avant de la roue et au côté gauche de la voiture, une plaque de métal indiquant, en caractères lisibles, leurs nom, domicile et la ville qu'ils habitent (*Avis du Préfet de police du* 6 *nov.* 1842);

37° Les propriétaires ou locataires qui ne feraient pas balayer la voie publique, gratter et laver les trottoirs chaque jour au devant de leurs maisons, boutiques, etc., entre six et sept heures du matin, du 1er avril au 1er octobre, et entre sept et huit heures, depuis le 1er octobre jusqu'au 1er avril ; ceux qui déposeraient sur la voie publique des bouteilles cassées, morceaux de verre, de poterie et autres objets pouvant occasionner des accidents. (Ces objets doivent être portés aux voitures du nettoiement au moment de leur passage).

Les personnes qui secoueraient sur la voie publique des tapis ou autres objets pouvant salir ou incommoder les passants ; ceux qui jetteraient dans les égouts des corps ou matières pouvant obstruer ou infecter ces égouts, ou qui ne feraient pas nettoyer et dégager intérieurement les gargouilles placées sous les trottoirs des rues et dallage des boulevards, aux heures prescrites pour le balayage (*Ord. du* 5 *nov.* 1846);

38° Les propriétaires ou locataires qui, pendant la durée des chaleurs, ne feraient pas arroser, à 11 heures du matin et à 3 heures de l'après-midi, la partie de la voie publique au devant de leurs maisons, boutiques et autres emplacements, et qui ne feraient pas écouler les eaux des ruisseaux pour en éviter la stagnation.

Les propriétaires ou locataires de passages publics et à ciel ouvert, existant sur des propriétés particulières, ainsi que les concessionnaires de ponts pavés ou cailloutés, dont le passage est soumis à un droit de péage, qui ne se conformeraient pas à la précédente disposition *(Même ordon.)*.

Les personnes qui se serviraient de l'eau stagnante des ruisseaux pour arroser, ou qui lanceraient l'eau sur la voie publique, de manière à gêner la circulation ou à éclabousser les passants (*Ord. du 27 juin* 1843);

39° Ceux qui auront exercé publiquement et abusivement de mauvais traitements envers les animaux domestiques (*Loi du* 2 *juillet* 1850).

CONTRAVENTIONS ET PEINES.

PREMIÈRE SECTION. — *Première classe.*

Seront punis d'amende, depuis un franc jusqu'à cinq francs inclusivement :

1° Ceux qui auront négligé d'entretenir, réparer ou nettoyer les fours, cheminées ou usines où l'on fait usage du feu ;

2° Ceux qui auront violé la défense de tirer, en certains lieux, des pièces d'artifice ;

3° Les aubergistes et autres qui, obligés à l'éclairage, l'auront négligé ; ceux qui auront négligé de nettoyer les rues et passages, dans les communes où ce soin est laissé à la charge des habitants ;

4° Ceux qui auront embarrassé la voie publique,

Les amendes pour contravention pourront être prononcées depuis un franc jusqu'à quinze francs inclusivement, selon les distinctions et classes ci-après spécifiées, et seront appliquées au profit de la commune où la contravention aura été commise.

La contrainte par corps a lieu pour le payement de l'amende. Néanmoins, le condamné ne pourra être, pour cet objet, détenu plus de quinze jours, s'il justifie de son insolvabilité.

468. — En cas d'insuffisance des biens, les restitutions et les indemnités dues à la partie lésée sont préférées à l'amende.

Les restitutions, indemnités et frais entraîneront la contrainte par corps, et le condamné gardera prison jusqu'à parfait payement ; néanmoins, si ces condamnations sont prononcées au profit de l'Etat, les condamnés pourront jouir de la faculté accordée par l'article 467, dans le cas d'insolvabilité prévu par cet article.

Les Tribunaux de police pourront aussi, dans les cas déterminés par la Loi, prononcer la confiscation : soit des choses saisies en contravention, soit des choses produites par la contravention, soit des matières ou des instruments qui ont servi ou étaient destinés à la commettre.

CONTRAVENTIONS DE POLICE

ET PEINES.

(Loi décrétée le 20 février 1810, promulguée le 2 mars suivant).

Des Peines.

Les peines de Police sont :

L'emprisonnement, — l'amende, — et la confiscation de certains objets saisis.

L'emprisonnement, pour contravention de Police, ne pourra être moindre d'un jour, ni excéder cinq jours, selon les classes, distinctions et cas ci-après spécifiés. — Les jours d'emprisonnement sont des jours complets de vingt-quatre heures.

en y déposant ou y laissant, sans nécessité, des matériaux ou des choses quelconques qui empêchent ou diminuent la liberté ou la sûreté du passage ; ceux qui, en contravention aux Lois et Règlements, auront négligé d'éclairer les matériaux par eux entreposés ou les excavations par eux faites dans les rues et places ;

5° Ceux qui auront négligé ou refusé d'exécuter les Règlements ou Arrêtés concernant la petite voirie, ou d'obéir à la sommation émanée de l'autorité administrative, de réparer ou démolir les édifices menaçant ruine ;

6° Ceux qui auront jeté ou exposé, au devant de leurs édifices, des choses de nature à nuire par leur chute ou par des exhalaisons insalubres ;

7° Ceux qui auront laissé dans les rues, chemins, places, lieux publics ou dans les champs, des coutres de charrue, pinces, barres, barreaux ou autres machines, ou instrumens ou armes dont puissent abuser les voleurs et autres malfaiteurs ;

8° Ceux qui auront négligé d'écheniller dans les campagnes ou jardins où ce soin est prescrit par la Loi et les Règlements ;

9° Ceux qui, sans autre circonstance prévue par les Lois, auront cueilli ou mangé, sur le lieu même, des fruits appartenant à autrui ;

10° Ceux qui, sans autre circonstance, auront

glané, ratelé ou grapillé dans les champs non encore entièrement dépouillés et vidés de leurs récoltes, ou avant le moment du lever ou après celui du coucher du soleil ;

11° Ceux qui, sans avoir été provoqués, auront proféré contre quelqu'un des injures, autres que celles prévues depuis l'article 367 jusques et compris l'article 378 ;

12° Ceux qui imprudemment auront jeté des immondices sur quelque personne ;

13° Ceux qui, n'étant ni propriétaires ni usufruitiers, ni locataires ni fermiers, ni jouissant d'un terrain ou d'un droit de passage, ou qui n'étant agens ni préposés d'aucune de ces personnes, seront entrés et auront passé sur ce terrain ou sur partie de ce terrain, s'il est préparé ou ensemencé ;

14° Ceux qui auront laissé passer leurs bestiaux ou bêtes de trait, de charge ou de monture, sur le terrain d'autrui, avant l'enlèvement de la récolte.

Seront, en outre, confisqués : les pièces d'artifice saisies dans le cas du n° 2 de l'art. 471, les coutres, les instruments et les armes mentionnées dans le n° 7 du même article.

La peine d'emprisonnement, pendant trois jours au plus, pourra de plus être prononcée, selon les circonstances, contre ceux qui auront tiré des pièces d'artifice; contre ceux qui auront glané, ratelé ou grapillé en contravention au n° 10 de l'article 471.

La peine d'emprisonnement contre toutes les personnes mentionnées en l'article 471, aura toujours lieu, en cas de récidive, pendant trois jours au plus.

DEUXIÈME SECTION. — *Deuxième classe.*

Seront punis d'amende, depuis six francs jusqu'à dix francs inclusivement :

1° Ceux qui auront contrevenu aux bans de vendanges ou autres bans autorisés par les Règlements;

2° Les aubergistes, hôteliers, logeurs ou loueurs de maisons garnies, qui auront négligé d'inscrire de suite, et sans aucun blanc, sur un registre tenu régulièrement, les noms, qualités, domicile habituel, dates d'entrée et de sortie de toute personne qui aurait couché ou passé une nuit dans leurs maisons; ceux d'entre eux qui auraient manqué à représenter ce registre aux époques déterminées par les Règlements, ou lorsqu'ils en auraient été requis, aux Maires, Adjoints, Officiers ou Commissaires de police, ou aux citoyens commis à cet effet : le tout sans préjudice des cas de responsabilité mentionnés en l'article 73 du Code, relativement aux crimes ou aux délits de ceux qui, ayant logé ou séjourné chez eux, n'auraient pas été régulièrement inscrits ;

3° Les rouliers, charretiers, conducteurs de voitures quelconques ou de bêtes de charge, qui auraient contrevenu aux Règlements par lesquels ils sont obligés de se tenir constamment à portée de leurs chevaux, bêtes de trait ou de charge et de leurs voitures, et en état de les guider et conduire ; d'occuper un seul côté des rues, chemins ou voies publiques ; de se détourner ou ranger devant toutes autres voitures, et, à leur approche, de leur laisser au moins la moitié des rues, chaussées, routes et chemins ;

4° Ceux qui auront fait ou laissé courir les chevaux, bêtes de trait, de charge ou de monture, dans l'intérieur d'un lieu habité, ou violé les Règlements contre le chargement, la rapidité ou la mauvaise direction des voitures ;

5° Ceux qui auront établi ou tenu dans les rues, chemins, places ou lieux publics, des jeux de loterie ou d'autres jeux de hasard ;

6° Ceux qui auront vendu ou débité des boissons falsifiées ; sans préjudice des peines plus sévères qui seront prononcées par les Tribunaux de police correctionnelle, dans le cas où elles contiendraient des mixtions nuisibles à la santé ;

7° Ceux qui auraient laissé divaguer des fous ou des furieux étant sous leur garde, ou des animaux malfaisants ou féroces; ceux qui auront excité ou n'auront pas retenu leurs chiens lorsqu'ils attaquent ou poursuivent les passants, quand même il n'en serait résulté aucun mal ni dommage ;

8° Ceux qui auraient jeté des pierres ou d'autres corps durs ou des immondices contre les maisons, édifices et clôtures d'autrui, ou dans les jardins ou enclos; et ceux aussi qui auraient volontairement jeté des corps durs ou des immondices sur quelqu'un ;

9° Ceux qui, n'étant propriétaires, usufruitiers, ni jouissant d'un terrain ou d'un droit de passage, y sont entrés et y ont passé dans le temps où ce terrain était chargé de grains en tuyau, de raisins ou autres fruits mûrs ou voisins de la maturité ;

10° Ceux qui auraient fait ou laissé passer des bestiaux, animaux de trait, de charge ou de monture, sur le terrain d'autrui, ensemencé ou chargé d'une récolte, en quelque saison que ce soit, ou dans un bois-taillis appartenant à autrui ;

11° Ceux qui auraient refusé de recevoir les espèces et monnaies nationales, non fausses ni altérées, selon la valeur pour laquelle elles ont cours ;

12° Ceux qui, le pouvant, auront refusé ou négligé de faire les travaux, le service, ou de prêter le secours dont ils auront été requis, dans les circonstances d'accidents, tumultes, naufrages, inondation, incendie ou autres calamités, ainsi que dans les cas de brigandages, pillages, flagrant délit, clameur publique ou d'exécution judiciaire ;

13° Toute publication ou distribution d'ouvrages, écrits, avis, bulletins, affiches, journaux, feuilles périodiques ou autres imprimés dans lesquels ne se trouvera pas l'indication vraie des noms, profession et demeure de l'auteur ou de l'imprimeur, sera, pour ce seul fait, punie d'un emprisonnement de six jours à six mois, contre toute personne qui aura sciemment contribué à la publication ou distribution.

Cette disposition sera réduite à des peines de simple Police, à l'égard de quiconque aura fait connaître l'imprimeur, et même de l'imprimeur qui aura fait connaître l'auteur.

La peine de l'emprisonnement, pendant cinq jours au plus, sera toujours prononcée en cas de récidive.

Pourra, suivant les circonstances, être prononcé, outre l'amende portée en l'article précédent, l'emprisonnement pendant trois jours au plus, contre les rouliers, charretiers, voituriers et conducteurs en contravention ; contre ceux qui auront contrevenu à la Loi par la rapidité, la mauvaise direction ou le chargement des voitures ou des animaux ; contre les vendeurs et débitants de boissons falsifiées; contre ceux qui auraient jeté des corps durs ou des immondices.

Seront saisis et confisqués :

1° Les tables, instruments, appareils des jeux ou des loteries, établis dans les rues, chemins et voies publiques, ainsi que les enjeux, les fonds, denrées, objets ou lots proposés aux joueurs ;

2° Les boissons falsifiées, trouvées appartenir au vendeur et débitant: ces boissons seront répandues;

3° Les écrits ou gravures contraires aux mœurs : ces objets seront mis sous le pilon.

TROISIÈME SECTION. — *Troisième classe.*

Seront punis d'une amende de onze à quinze francs inclusivement :

1° Ceux qui auront volontairement causé du dommage aux propriétés mobilières d'autrui ;

2° Ceux qui auront occasionné la mort ou la blessure des animaux ou bestiaux appartenant à autrui, par l'effet de la divagation des fous ou furieux, ou d'animaux malfaisants ou féroces, ou par la rapidité ou la mauvaise direction ou le chargement excessif des voitures, chevaux, bêtes de trait, de charge ou de monture ;

3° Ceux qui auront occasionné les mêmes dommages par l'emploi ou l'usage d'armes sans précaution ou avec maladresse, ou par jet de pierres ou d'autres corps durs ;

4° Ceux qui auront causé les mêmes accidents par la vétusté, la dégradation, le défaut de réparation ou d'entretien des maisons ou édifices, ou par l'encombrement ou l'excavation, ou telles autres œuvres, dans ou près les rues, chemins, places ou voies publiques, sans les précautions ou signaux ordonnés ou d'usage ;

5° Ceux qui auront de faux poids ou de fausses mesures dans leurs magasins, boutiques, ateliers ou maisons de commerce, ou dans les halles, foires ou marchés, sans préjudice des peines qui seront prononcées par les Tribunaux de police correctionnelle contre ceux qui auraient fait usage de ces faux poids ou de ces fausses mesures ;

6° Ceux qui emploieront des poids ou des mesures différents de ceux qui sont établis par les Lois en vigueur ;

7° Les gens qui font le métier de deviner et pronostiquer, ou d'expliquer les songes ;

8° Les auteurs ou complices de bruits ou tapages injurieux ou nocturnes, troublant la tranquillité des habitants.

Pourra, selon les circonstances, être prononcée la peine d'emprisonnement pendant cinq jours au plus :

1° Contre ceux qui auront occasionné la mort ou la blessure des animaux ou bestiaux appartenant à autrui, dans les cas prévus par le n° 3 du précédent article ;

2° Contre les possesseurs de faux poids et de fausses mesures;

3° Contre ceux qui emploient des poids ou des mesures différents de ceux que la Loi en vigueur a établis ;

4° Contre les interprètes de songes;

5° Contre les auteurs ou complices de bruits ou tapages injurieux ou nocturnes.

Seront, de plus, saisis et confisqués :

1° Les faux poids, les fausses mesures, ainsi que les poids et mesures différents de ceux que la Loi a établis ;

2° Les instruments, ustensiles et costumes servant ou destinés à l'exercice du métier de devin, pronostiqueur, ou interprète de songes.

La peine d'emprisonnement pendant cinq jours aura toujours lieu pour récidive.

Dispositions communes aux trois Sections ci-dessus.

Il y a récidive dans tous les cas prévus par le présent livre, lorsqu'il a été rendu contre le contrevenant, dans les douze mois précédents, un premier jugement pour contravention de Police commise dans le ressort du même tribunal.

TROISIÈME PARTIE

POLICE JUDICIAIRE

CRIMES ET DÉLITS

DÉLITS.

—

L'infraction que les Lois punissent de peines correctionnelles est un délit.

Les peines en matière correctionnelle sont :

1° L'emprisonnement à temps dans un lieu de correction ;

2° L'interdiction à temps de certains droits civiques, civils ou de famille ;

3° L'amende.

Parmi les délits que le Sergent de ville est le plus souvent appelé à réprimer, il faut ranger les suivants :

1° La mendicité ;

2° Le vagabondage ;

3° Les outrages;
4° La rébellion ;
5° Les coups et blessures ;
6° Le vol simple, etc.

SUR

LES PROCÈS-VERBAUX

dressés à l'occasion des Injures, Outrages, Résistance envers les Agents.

Tous les Agents de l'autorité dans l'exercice de leurs fonctions sont l'image et l'organe de la Loi. Le respect qui leur est dû dans la pratique de leur ministère est une des conditions essentielles de la force morale dont ils ont besoin pour l'accomplir.

Le caractère public dont ils sont revêtus leur impose donc le devoir de constater les injures, les outrages et les actes de rébellion dont ils sont l'objet.

S'il est de la plus haute importance que les délits commis envers les représentants de l'action publique ne restent jamais impunis, il est nécessaire, pour arriver à ce but, que les procès-verbaux soient toujours complets.

Le procureur impérial doit trouver dans la rédaction des procès-verbaux les éléments qui doivent caractériser le délit.

Dans les affaires d'injure ou d'outrage envers les Agents, les paroles punissables doivent être par eux précisées : telle parole constitue un délit, telle autre parole un autre délit.

Dans les affaires de rébellion, le délit n'existe que lorsqu'il y a à la fois et *résistance* et, en les mentionnant, *voies de fait*.

Ces observations ne doivent pas être négligées. Il importe de constater avec clarté et précision les renseignements *sur le fait, sur sa nature*, sur les circonstances, et d'exiger le récit exact et impartial des actes et des paroles.

On doit de suite entendre les témoins, car c'est dans le premier moment que les faits peuvent bien s'établir, surtout pour les délits qui intéressent particulièrement la force publique.

Si le fait est constaté, si le témoin n'est plus sous l'impression produite par le délit, il est à craindre qu'il n'ait plus le courage de dire la vérité, ou que des sentiments d'indulgence le portent à l'atténuer en dissimulant ou en dénaturant les circonstances.

L'Officier public doit bien se pénétrer de la nécessité impérieuse qui veut que tous les Agents de l'autorité soient toujours respectés, et de l'obligation qui lui est imposée de leur prêter l'appui de son ministère, pour que le citoyen coupable d'avoir méconnu la dignité et le caractère dont la Loi les investit, ne puisse échapper à la peine qu'il a encourue.

Rébellion, Outrages, Violences.

Art. 209. — Toute attaque, toute résistance avec violence et voies de fait envers les Officiers ou Agents de la Police administrative ou judiciaire, agissant pour l'exécution des Lois, des Ordres ou Ordonnances de l'autorité publique, des mandats de justice ou jugements, est qualifiée selon les circonstances, crimes ou délits de rébellion.

Art. 224. — L'outrage fait par paroles, gestes ou menaces à tout Agent dépositaire de la force publique, dans l'exercice ou à l'occasion de l'exercice de ses fonctions, sera puni d'une amende de seize francs à deux cents francs.

Art. 225. — La peine sera de six jours à un mois d'emprisonnement, si l'outrage mentionné en l'article précédent a été dirigé contre un commandant de la force publique.

Vagabondage.

Art. 269. — Le vagabondage est un délit.

Art. 270. — Les vagabonds ou gens sans aveu sont ceux qui n'ont ni domicile certain, ni moyens de subsistance, et qui n'exercent habituellement ni métier, ni profession.

Art. 271. — Les vagabonds ou gens sans aveu qui auront été légalement déclarés tels seront, pour ce seul fait, punis de trois à six mois d'emprisonnement. Ils seront renvoyés, après avoir subi leur peine, sous la surveillance de la haute Police, pendant cinq ans au moins et dix ans au plus.

Mendicité.

Art. 274. — Toute personne, qui aura été trouvée mendiant dans un lieu pour lequel il existera un établissement public organisé afin d'obvier à la mendicité, sera punie de trois à six mois d'emprisonnement et sera, après l'expiration de sa peine, conduite au dépôt de mendicité.

Homicide, Blessures, Coups involontaires.

Quiconque, par maladresse, imprudence, inattention, négligence ou inobservation des Règlements, aura commis involontairement un homicide ou en aura involontairement été la cause, sera puni d'un emprisonnement de trois mois à deux ans et d'une amende de cinquante à six cents francs, dit l'article 319 du Code pénal.

S'il n'est résulté du défaut d'adresse ou de précaution que des blessures ou coups, porte l'article 320, l'emprisonnement sera de six jours à deux mois, et l'amende sera de seize à cent francs.

QUATRIÈME PARTIE

INSTRUCTIONS SPÉCIALES

DROITS ET DEVOIRS

DROITS & DEVOIRS DES AGENTS.

—

Arrestations.

Lorsqu'un Sergent de ville met un individu en état d'arrestation, il doit le fouiller avec le plus grand soin, car il importe essentiellement de saisir les objets dont l'inculpé pourrait être porteur, tels que : effets, papiers, adresses, lettres, reconnaissances du mont-de-piété, armes, clés, couteaux, instruments divers.

S'il s'agit d'un crime ou d'un délit important, le Sergent de ville veillera à ce que le prévenu ne jette ou ne détruise des pièces à conviction ou des objets suspects, et surtout ne communique avec personne.

Il prendra, autant que faire se pourra, les nom, prénoms, âge, profession et domicile des personnes lésées, des personnes inculpées, des témoins, des hommes de la force publique et des experts, afin qu'en procédant à l'instruction on puisse les retrouver et les appeler facilement.

Il recueillera, des hommes de la force publique qui ont été appelés sur les lieux ou qui ont concouru à l'arrestation, ou de toutes autres personnes, les aveux ou discours suspects qui seraient échappés au prévenu sur le lieu du délit, lors de son arrestation, au corps-de-garde, ou pendant sa conduite devant l'officier public.

Flagrant délit.

Il est du devoir du Sergent de ville d'intervenir dans tous les cas de flagrant délit.

Le flagrant délit (et ici le mot délit, employé dans son acception ancienne et générique, s'entend de tout délit proprement dit ou de tout crime), est celui qui se commet actuellement, ou qui vient de se commettre, et qui est, en quelque sorte, exposé à la vue de tout le monde ; par exemple, lorsqu'une maison vient d'être incendiée, ou qu'un homme vient d'être homicidé ou blessé sur la voie publique, ou qu'il arrive une émeute, ou lorsqu'enfin la personne lésée, les témoins et le prévenu sont encore sur les lieux.

Il y a aussi flagrant délit, lorsque le prévenu est poursuivi par la clameur publique, ou que, dans un temps voisin du délit, il est trouvé saisi d'effets, armes, instruments ou papiers faisant présumer qu'il est auteur ou complice.

Dans ce cas, l'arrestation du coupable ou la saisie de pièces de conviction sur sa personne, dans un temps rapproché du délit, rend le fait aussi patent que dans le cas de flagrant délit proprement dit.

Formalités d'Audiences.

Les nouveaux Sergents de ville hésitent le plus souvent devant le Tribunal de police pour l'accomplissement des formalités d'audiences.

Il importe donc de leur faire connaître la note suivante, communiquée le 26 décembre 1851, par le Parquet, à M. le chef de la Police municipale.

Les Sergents de ville doivent :

1° Arriver à midi trois quarts, les affaires dans lesquelles ils sont entendus étant toujours jugées au commencement de l'audience;

2° Se présenter sans armes devant le Tribunal;

3° Ecouter la lecture du rapport faite par le greffier ;

4° Quand le Président dit : Levez la main.

Lever la main droite.

— Vous jurez de dire la vérité?

Répondre : je le jure.

— Quels sont vos nom, prénoms, âge, profession et demeure?

Dire son nom, un seul prénom, son âge, Sergent de ville à la Préfecture de police. (Ne pas donner adresse de son domicile personnel).

— Êtes-vous parent, allié ou domestique des prévenus?

Répondre : non, Monsieur le Président.

— Faites votre déposition.

Le jour indiqué dans mon rapport, j'ai — - etc.

5° Ne jamais interpeller le prévenu ou les autres témoins, ne pas répondre à leurs interpellations ni à leurs récriminations, mais s'adresser directement au Président qui empêche tout colloque entre les personnes citées ;

6° S'exprimer avec la modération qui donne tant de force à la déposition d'un témoin et éviter toute citation d'ordonnance ou d'ordres généraux appliqués à un cas spécial ;

7° Enfin s'en tenir au fait simple et aux circonstances accessoires de la contravention, telles que : les injures, l'état d'ivresse, l'habitude de contrevenir, et laisser le soin de faire ressortir la gravité avec la nécessité d'une plus ou moins grande répression.

Qualités essentielles.

Son devoir qui l'oblige à l'exercice de ses fonctions, demande en lui trois qualités essentielles : la CAPACITÉ, la PROBITÉ et L'APPLICATION.

Sans la capacité qui consiste au bon sens, éclairé de la science des Ordonnances et Règlements dont il doit maintenir l'exécution, il tombe dans des fautes considérables, n'y en ayant point de légère dans cette charge.

Sans la probité qui consiste dans la fermeté pour faire observer exactement et sans exception les Règlements dont il est l'exécuteur, il prévarique et commet plusieurs injustices.

Et sans l'application et la vigilance qui demandent sa présence et l'exercice actuel de ses fonctions, dans les temps et les lieux où elles sont dues et nécessaires, il s'expose à manquer à son devoir, et à faire souffrir le public des mauvaises suites de sa négligence.

Préposé pour tenir la main à l'exécution des Règlements, pour venger l'intérêt public, pour soutenir ceux de l'Eglise, de l'Empereur, de son seigneur, des mineurs et des absents, *il ne doit rien ignorer de ce qu'il doit savoir dans son ministère.*

La transgression des Lois et des Ordonnances sont des crimes plus ou moins grands ; mais quelque légers qu'ils puissent être, il ne doit point les tolérer.

Mépriser et négliger les petites fautes, c'est en permettre de plus grandes ; l'impunité précipite les méchants en de nouvelles infidélités.

Pour exciter les juges à punir les crimes, saint Bernard dit que : « L'impunité excite à mal faire, qu'elle est fille de la négligence, mère de l'insolence, la source de l'impudence, la nourrice des iniquités et des transgressions de la Loi. »

Action de la Police.

« A côté des mesures de rigueur qu'elle est obligée de prendre, la Police doit être essentiellement protectrice, et son action ne doit jamais se montrer tracassière. Ainsi, soyez fermes, mais bienveillants ; que tous les Agents sachent bien qu'ils doivent s'acquitter de leur tâche avec toute la modération compatible avec les nécessités du service, et que l'administration leur tiendra compte de la convenance des formes aussi bien que de l'activité et de l'énergie.

« Accueillez toutes les réclamations, toutes les plaintes, avec bonté ; tâchez même de les prévenir aussi souvent que vous le pourrez. Faites que chacun aille à vous avec confiance, persuadé d'avance qu'il obtiendra de vous une bonne parole, un avis salutaire, un appui efficace. Descendez au fond de toutes les misères ; soyez les bienvenus dans la mansarde et dans l'atelier : mettez en œuvre pour découvrir un malheureux à secourir, un homme de bien à encourager, un ouvrier laborieux à aider, autant de soins, de zèle et d'intelligence que pour rechercher un coupable que la Loi doit frapper.

« Ne vous bornez pas à signaler le bien qu'on peut faire à des individus isolés ; préoccupez-vous également de celui qu'il est possible de répandre sur des classes entières.

« Vous êtes en contact immédiat avec la population ; mieux que personne, vous connaissez ses besoins, ses intérêts, ses sentiments; étudiez-les avec sollicitude et prenez l'initiative de tous les abus à réprimer, de toutes les améliorations, de tous les progrès à réaliser ; rien à cet égard ne doit vous rester étranger. »

(Extrait du discours prononcé le 29 mai 1852, par M. PIÉTRI, Préfet de police.)

CINQUIÈME PARTIE

RENSEIGNEMENTS DIVERS

MODÈLES ET FORMULES

FORMULES OU MODÈLES DE RAPPORTS.

—

Police des Cabarets et Cafés.

Les Agents de l'autorité ne peuvent s'introduire la nuit, dans les lieux publics, qu'autant que ces lieux sont encore ouverts ; ils sont sans droit pour y pénétrer, dès que ces mêmes lieux sont fermés, à moins qu'ils n'en soient requis de l'intérieur.

(Ainsi jugé le 5 juin 1841. *Arrêt du Conseil d'Etat relatif à la Police des cabarets et cafés.*)

Paris, le 185

Faisant ma tournée pour le maintien de l'ordre, j'ai trouvé le cabaret tenu par le sieur demeurant rue encore ouvert; y étant entré, j'ai reconnu qu'il y avait plusieurs personnes qui étaient occupées — à jouer *ou* à boire. — J'ai invité ces personnes à se retirer, ce qu'elles ont fait de suite, et j'ai déclaré au sieur que je signalerais cette contravention aux Règlements de police à qui de droit.

J'étais accompagné de mon collègue, le sieur Sergent de ville du arrondissement. Il a signé avec moi le présent rapport.

(Signature de l'Agent.)

Immondices jetées ou déposées sur la voie publique.

Etant en surveillance rue de à la hauteur du n° , j'ai vu — Monsieur *ou* Madame — (profession de) demeurant dans ladite rue, n° (jetant *ou* déposant) des immondices sur la voie publique — (*ou* secouant des tapis par la fenêtre).

Comme ce fait constitue une contravention aux Ordonnances de police, je lui ai déclaré qu'il serait signalé à M. le Commissaire de police de la section de

(Signature de l'Agent).

Embarras de la voie publique.

Paris, le 185

Malgré des avertissements réitérés, le sieur marchand , demeurant rue de n° , persiste à placer au-devant de sa boutique, sur le trottoir, une caisse d'assez grande dimension. Aujourd'hui à heures — *du matin ou soir,* — cette caisse était encore placée en cet endroit.

Cet objet embarrasse, sans nécessité, la voie publique et diminue la sûreté du passage.

J'ai déclaré au sieur , marchand que ce fait, qui constitue une contravention à l'article 471, paragraphe 4 du Code pénal, serait signalé à mes chefs.

Je dois déclarer, en outre, que ce marchand ne mérite aucune indulgence, attendu qu'il m'a répondu d'une manière peu convenable.

(Signature de l'Agent.)

Arrestation d'un Mendiant.

Paris, le 185

M. le chef du poste de est requis de conduire devant M. le Commissaire de police de la section de , le nommé — *mettre avec soin les nom et prénoms de l'inculpé* — âgé de ans, né à , département de — indiquer sa profession et son domicile habituel.

Arrêté à heures, rue de se livrant à la mendicité sur la voie publique — *ou* entrant dans les boutiques.

Il n'a été trouvé sur lui aucun objet d'origine suspecte.

Il était porteur de la somme de que je joins au présent rapport.

(Signature de l'Agent.)

Arrestation d'un Vagabond.

Paris, le 185

M. le chef du poste de est requis de conduire devant M. le Commissaire de police de la section du dont le bureau est situé rue à heures, le nommé — *mettre avec soin les nom et prénoms de l'inculpé* — âgé de ans, né à département de — *indiquer sa profession* — arrêté sur la voie publique où il rôdait.

Il a déclaré être sans asile depuis — *indiquer le temps* — et n'était porteur d'aucun papier ni objet suspect.

(Signature de l'Agent.)

Chien non muselé.

Paris, le 185

Etant en tournée de surveillance dans la rue à la hauteur du n° , section , j'ai trouvé vaguant sur la voie publique, sans être muselé, un chien que le sieur , — *indiquer sa profession et le domicile* — a reconnu pour lui appartenir.

Je lui ai déclaré que ce fait, qui constitue une contravention aux Règlements de police, serait signalé à M. le Commissaire de police de la section de

(Signature de l'Agent.)

Mort accidentelle.

Paris, le 185

Etant en surveillance sur le boulevard j'ai entendu crier : *Arrêtez, arrêtez le Cocher !* et au même moment, je voyais fuir en toute hâte une voiture à la poursuite de laquelle je me mis aussitôt. Je l'arrêtai près de , et lui fis rebrousser chemin vers l'endroit où, au milieu de la foule, je découvris le cadavre d'un étendu sans vie et portant de fortes blessures à — *indiquer l'endroit.*

J'ai interrogé les témoins de l'accident, qui sont

les sieurs — *prendre les noms, prénoms, professions et demeures*, AVEC LA PLUS GRANDE EXACTITUDE. — Tous donnent tort au cocher qui allait trop vite et n'a pas crié *gare*. Il déclare se nommer — indiquer ses nom, prénoms, profession et demeure — je l'ai consigné au poste de et ai envoyé sa voiture à la fourrière.

Pendant ce temps les passants avaient transporté le cadavre à la pharmacie où d'inutiles soins lui furent donnés. Puis est venu M. le Commissaire de police de la section de que j'avais fait prévenir.

Les papiers trouvés sur le mort nous firent connaître qu'il se nommait — *indiquer son état civil.*

(Signature de l'Agent.)

Mort subite.

Paris, le 185

Passant dans la rue de j'ai aperçu un groupe duquel aussitôt je me suis approché. Ayant vu un individu privé de connaissance et étendu sur le sol où plusieurs personnes lui donnaient d'inutiles soins, je l'ai fait transporter à la pharmacie la plus voisine et ai couru chercher un médecin, Monsieur , demeurant rue de , n° , lequel a déclaré tout secours inutile.

Pendant ce temps j'avais chargé un commissionnaire d'aller, en toute hâte, prévenir le Commissaire de police de la section.

J'ai remis à ce magistrat — *indiquer les objets dont le corps était porteur.*

Vérification faite des papiers de cet individu, il résulte qu'il se nomme — *indiquer les nom, prénoms, âge, lieu de naissance, profession et domicile.*

(Signature de l'Agent.)

Noyé.

Paris, le 185

Etant de service près le pont d j'ai été informé qu'un marinier venait de retirer de l'eau le cadavre d'un individu du sexe et que le corps était déposé — *désigner l'endroit* — où je me suis aussitôt transporté.

Ayant reconnu que tout secours était inutile, j'ai empêché que personne ne touchât au corps avant l'arrivée de M. le Commissaire de police de la section de , que je m'étais empressé de faire prévenir par le repêcheur.

Ce magistrat a fait transporter à la Morgue le

cadavre, sur lequel aucun papier indiquant son identité n'a été trouvé et que personne n'a reconnu. — *Mentionner s'il a été ou non trouvé des valeurs sur lui et leur importance.*

(Signature de l'Agent.)

Suicide.

Paris, le 185

Vers heures de relevée, le concierge de la maison sise rue , n° , est venu me prévenir que le nommé , locataire audit lieu, n'était pas descendu selon son habitude, que les voisins avaient entendu des gémissements et qu'enfin une forte odeur de charbon s'exhalait de son logis.

Je me rendis aussitôt au étage de cette maison et, aidé du concierge, j'en forçai la porte. Là, étendu sur son lit, sans signe de vie, le visage bleuâtre, les membres roidis, nous trouvâmes — *indiquer le nom.* — Dans deux fourneaux placés à côté de lui finissaient de se consumer quelques restes de charbon. La fenêtre était hermétiquement fermée, le trou de la serrure bouché et à côté de lui étaient lettres à l'adresse de

J'ai ouvert de suite la fenêtre et cherché à le ranimer, mais il était trop tard. Puis sont arrivés M. le Commissaire de police de la section et un médecin que j'avais fait prévenir par une voisine.

On attribue ce suicide à

(Signature de l'Agent.)

Vol.

FLAGRANT DÉLIT.

Paris, le 185

Aujourd'hui, vers deux heures de relevée, étant de service rue de Lancry, j'ai entendu crier : *au voleur!* et au même instant j'ai vu fuir un individu que poursuivaient diverses personnes.

J'ai pu arrêter cet homme ; je l'ai fouillé aussitôt. Il était encore nanti de deux paires de chaussettes, d'un mouchoir, qui ont été reconnus par le sieur Leblanc, marchand de nouveautés, rue de Lancry, n° 5, pour lui avoir été soustraits à son étalage.

J'ai trouvé en outre sur cet homme un livret au nom de Vergne, Constantin, âgé de 25 ans, né à Charmes (Vosges), ouvrier serrurier, ayant demeuré rue Beaubourg, n° 10.

Dans ce livret se trouvaient trois reconnaissances du Mont-de-Piété. J'ai invité le plaignant à se rendre au Commissariat de police de la section du faubourg Saint-Martin, où j'ai conduit l'inculpé.

(Signature de l'agent.)

Vol.

ARRESTATION SUR RÉQUISITION.

Paris, le 185

A trois heures de relevée, étant rue Saint-Maur, j'ai été requis par le sieur Duchêne, fabricant de produits chimiques, rue de Chastillon, n° 41, d'arrêter un de ses anciens commis, le nommé Gercourt, Louis, âgé de 30 ans, né à Valence (Drôme), demeurant à Belleville, rue Saint-Laurent, n° 18, lequel aurait détourné certaines sommes appartenant à son ancien patron, le sieur Duchêne.

Conduit devant M. le Commissaire de police de la section de la Douane, l'inculpé a avoué s'être approprié une somme de mille francs que le sieur Duchêne l'avait chargé d'aller toucher.

(Signature de l'agent.)

Le Sergent de ville est fréquemment consulté par le public sur les formalités qu'il y a à remplir lorsqu'il a été perdu un objet quelconque.

Nous avons pensé qu'il était utile de reproduire ici la note suivante, insérée au *Moniteur* le 5 novembre 1854 :

Objets perdus.

Lorsqu'un objet a été perdu, le propriétaire doit se rendre chez le Commissaire de police du quartier qu'il habite, lui déclarer la perte, le lieu probable où l'objet s'est égaré, en donner une description aussi complète que possible, signer au procès-verbal qui est dressé et attendre sans faire plus de démarches.

Si l'objet est porté au bureau central, le procès-verbal en fait connaître le propriétaire, qui est averti par l'administration du reste des formalités à remplir.

Souvent aussi un Agent peut être appelé à être consulté sur les démarches qu'il y a à faire pour obtenir l'assistance judiciaire. Il importe donc de donner un extrait de la Loi du 22 janvier 1851 sur l'assistance judiciaire.

Bureau de l'Assistance judiciaire

Établi près le Tribunal de première instance de la Seine.

(Extrait de la Loi du 22 janvier 1851.)

ART. 10. — Quiconque demande à être admis

à l'assistance judiciaire, doit fournir : 1° un extrait du rôle de ses contributions, ou un certificat du Percepteur de son domicile, constatant qu'il n'est pas imposé ; 2° une déclaration attestant qu'il est, à raison de son indigence, dans l'impossibilité d'exercer ses droits en justice, et contenant l'énumération détaillée de ses moyens d'existence, quels qu'ils soient.

Le réclamant affirme la sincérité de sa déclaration devant le Maire de son domicile ; le Maire lui en donne acte au bas de sa déclaration.

Ces deux pièces doivent être jointes à la demande que le réclamant adresse à M. le Procureur impérial pour obtenir l'assistance judiciaire.

Nota. — Aux termes de l'article 26 de la Loi, la déclaration frauduleuse à l'indigence est punie d'une amende et d'un emprisonnement.

DISCOURS

PRONONCÉ

PAR M. LE PRÉFET DE POLICE

le 6 *novembre* 1853,

A L'OCCASION DE

L'INAUGURATION DU BUSTE DE L'EMPEREUR

ET DE

LA PRESTATION DE SERMENT

des Fonctionnaires et Employés attachés à cet établissement.

« L'an dernier, Messieurs, je vous réunissais autour de moi pour recevoir votre serment d'obéissance à la Constitution et de fidélité au Prince-Président de la République. Déjà la France avait applaudi à l'acte de vigueur du 2 Décembre qui étouffait en son germe la guerre civile. Instruite par une douloureuse expérience, elle avait compris quel sombre avenir lui réservaient les luttes anarchiques des partis, la fièvre de leurs ambitions rivales et les funestes déchirements des passions ennemies : fatiguée, inquiète, elle avait appelé de ses vœux unanimes le Médiateur nécessaire qui devait mettre fin à nos discordes, nous rendre la sécurité perdue, rallier les forces de la nation et la retremper dans l'unité du pouvoir.

« L'unité du pouvoir est, en effet, la consigne du salut pour les nations qui périssent. Invoquée dans les sociétés antiques, elle seule conjurait les suprêmes dangers de la patrie ; elle seule, à la fin du siècle dernier, put arracher la France aux longs désordres, aux réactions sanglantes, à la dissolution sociale, aux mains déjà étendues de la domination étrangère, et nous sauver de la ruine par la gloire éblouissante de ses champs de bataille et l'admirable sagesse de ses conseils civils. C'est elle qui, personnifiant dans un homme la force d'un peuple, en fait le bras visible et tout puissant de la Providence. Devant lui tout cède, tout se tait, tout s'efface ; le pays respire et suit la nouvelle impulsion que son Élu lui imprime. — Notre propre exemple confirme en cela les enseignements de l'histoire.

« Aussi la France, mal satisfaite d'avoir fixé un terme à son repos, et craignant de rouvrir, à heure fixe, l'abîme où elle avait failli s'engloutir, a-t-elle voulu délivrer l'avenir de toute convulsion et compléter elle-même l'œuvre de son salut par une nouvelle et plus haute délégation de cette souveraineté, dont le symbole impérial est la plus majestueuse expression. Elle a donc refait l'Empire et reconstitué la dynastie Napoléonienne.

« La solennité qui nous rassemble aujourd'hui, Messieurs, a pour objet la commémoration de ce grand acte de prévoyance nationale et l'accomplissement du nouveau devoir qu'il nous impose.

« De la pensée gouvernementale bien ou mal comprise dépend le concours plus ou moins intelligent des fonctionnaires, l'obéissance plus ou moins empressée des administrés, la confiance plus ou moins complète de l'opinion publique, et, par conséquent, la somme plus ou moins grande des bons résultats.

« A ce titre, c'est de ma part un devoir de caractériser l'esprit de l'institution impériale, d'en déterminer la nature et l'action, et de vous en signaler les effets.

« L'Empire est l'application des préceptes du génie. Considéré comme charpente et organisme de l'Etat, c'est l'unité, la hiérarchie, l'équilibre des parties, la balance des ressorts, les fonctions nettement définies, les rapports fixes ; et, d'une extrémité à l'autre du corps social, la vie circulant de ce cours rapide et régulier qui fait les corps sains et vigoureux.

« Au point de vue de la prospérité, c'est l'agriculture, l'industrie, le commerce encouragés, protégés, fécondés par les mesures les plus libérales ; c'est la science, ce grand ouvrier, créant chaque jour des ressources inconnues, couvrant le pays d'utiles travaux, pétrissant à nouveau un sol déjà favorisé du ciel pour en obtenir une abondance inépuisable, affranchissant le prolétariat des labeurs trop pénibles et de toutes les servitudes de l'ignorance et de la misère

« L'Empire n'est pas là tout entier : l'Empire est aussi, j'en atteste la pensée souveraine, l'Empire est aussi le développement de tous les sentiments généreux, l'avénement de toutes les vérités, — l'adoption de toutes les idées qui peuvent contribuer à la grandeur morale du pays : tout ce qui est vrai, tout ce qui est juste, tout ce qui est grand et généreux est de son domaine et de son initiative : aucune des nobles aspirations de l'époque ne sera trompée.

« Loin d'enfermer l'avenir dans un cadre inflexible et d'élever les barrières qui appellent les révolutions, il prépare une large voie à toutes les améliorations indiquées par l'expérience, et à cet esprit nouveau, à cette sagesse nouvelle, où les peuples intelligents et destinés à vivre retrempent leurs forces affaiblies et rajeunissent leurs institutions vieillissantes. La routine et l'immobilité sont la décadence et la mort des nations. Celles-là seules marchent, grandissent, se fortifient et prennent possession de la durée, qui savent relever à temps leurs ruines, abattre leurs faux dieux, faire triompher toutes les vérités et se régénérer à propos par les transformations qui sont la loi de leur existence et de leur prospérité. Ces conditions de vie ou de mort, l'Empire les connaît et ne les oubliera point.

« Lorsque le Législateur des temps modernes, sondant les besoins de l'avenir, s'écriait : « On ne saurait laisser une trop large voie aux améliorations, » il indiquait par ces mots la solution du problème social et fixait le caractère du régime politique destiné à cette gloire.

« Le grand testament sera exécuté. Le progrès, ce seul fruit du travail des siècles, cette dette sacrée de chaque génération envers celle qui la suit, est aujourd'hui le mot d'ordre impérial, et l'ère des améliorations est ouverte.

« Dans la pensée de l'Empereur, ce programme signifie : l'espérance offerte à toutes les bonnes volontés ; la récompense assurée au travail, à la probité, à l'honneur ; le mérite à sa place ; la capacité réelle substituée partout à la vanité fastueuse, et l'homme préféré au nom ; la société se perfectionnant par l'élimination successive et incessante de tous les éléments épuisés, et l'assimilation continue de tous les éléments féconds ; les lettres, les sciences, les arts redevenus les glorieux satellites du trône, lui prêtant leur éclat et recevant le sien ; l'expansion intégrale de toutes les forces vives de l'intelligence, disciplinées par le sentiment du devoir ; le pays tout entier uni enfin dans ses vœux et dans ses efforts, sûr de sa marche, fournissant sa carrière avec majesté, et couronnant des institutions sages et puissantes par une liberté véritable et sans périls, puisqu'elle sera désormais affranchie de toutes les déceptions, et ferme contre tous les ébranlements.

« Je me résume, Messieurs, et je rapproche les traits principaux d'une énumération longue, mais nécessaire :

« Quand la juste signification des choses aura été bien saisie, quand elle aura dissipé tous les doutes et prévalu sur des défiances sans fondement, personne ne croira plus que le rétablissement de l'Empire soit la stérile glorification personnelle du Libérateur. L'Empire n'est rien pour l'Empereur ; pour la France, l'Empire est tout : il est la revanche nationale et pacifique de nos humiliations, la compensation de nos désastres, la revendication de notre auréole éclipsée, le halte-là, dégagé de tout esprit de conquête, signifié à l'étranger. Il est l'enseigne de toutes les gloires nationales, le nom même de la grandeur française gravée en traits éclatants sur le fronton social ; le nom sous lequel le prince peut rendre à la patrie les plus grands services ; la forme la plus appropriée à l'efficacité d'un pouvoir noblement inspiré ; le mécanisme le plus parfait pour l'union des forces et la convergence des efforts ; l'organisation la plus complète des moyens dont le pays dispose pour atteindre un degré de plus en plus élevé de moralité, de lumières et de bien-être !

« Ennemi du despotisme comme de la licence, l'Empire n'est pas venu détruire la Démocratie, mais l'accomplir, en la dégageant de ses erreurs, de ses combats, de son impuissance, en replaçant la société française dans les vraies conditions de sa grandeur et de sa félicité, de son progrès physique, intellectuel et moral. Transition savante d'un monde trop vieux à un monde jeune, dont il sera le point de départ et le couronnement, il veut être la justice sociale en action, et l'ordre assis désormais sur la base indestructible du Droit et des immortels principes de 1789.

« Le jour n'est pas loin où il n'y aura plus en France d'autres dissidences politiques que celles qui seront marquées au coin de la mauvaise foi ou de l'aveuglement. En effet, tout prétexte à une tentative de réaction est déjà enlevé à l'ancien Régime, puisqu'on a conservé de lui tout ce qu'il avait de bon, de grands souvenirs et de grands bienfaits. Et comment vivrait désormais l'esprit révolutionnaire, lorsqu'il verra triompher partout les bienfaits de la Révolution ?

« Que les dérivations hostiles rentrent donc dans le courant du grand fleuve populaire, et la faute des hommes sera rejetée sur le malheur des temps.

« C'est ainsi, Messieurs, que l'Empire veut être compris. Tel est le sens divin de sa mission, tel est le champ de son activité ; et la richesse du sillon rendra dignement témoignage à la main qui l'a tracé.

« Plein de confiance dans l'admirable bon sens du pays, dans l'infinité de ses ressources, dans le patriotisme de ses enfants, Napoléon III convoque à la noble tâche qu'il s'est imposée toutes les intelligences, tous les dévouements et tous les efforts, sans distinction.

« Cette œuvre immense est commencée ; elle s'achèvera par le bénéfice du temps. Profitons de l'expérience des siècles et souvenons-nous que le temps est l'indispensable auxiliaire des grands desseins. Chaque chose doit être faite à son heure, pour produire tout le bien dont elle est capable. Ce qui n'est pas possible aujourd'hui le sera demain. Ce qu'une époque orageuse, troublée, incertaine, ne saurait supporter sans périr, devient l'apanage naturel et salutaire d'une société rassise et maîtresse d'elle-même.

« Lorsque la France se contemple elle-même avec un légitime orgueil dans le guide qu'elle a choisi, la grande image de la patrie doit facilement s'identifier dans nos cœurs avec celle du Prince qui a élevé si haut les devoirs et les actes de la Puissance Impériale ; elle doit s'identifier avec celle de notre Souveraine adorée, qui a éveillé de si chères espérances, et que Dieu a donnée à la France comme une consolation et une Providence. Les temps ne sont plus de ces régimes égoïstes et hautains, où le dévouement à la personne du Prince n'était si souvent que l'abdication civique d'un sujet : ce dévouement a revêtu, de nos jours, toute la noblesse d'un principe social ; il est devenu le plus saint et le plus indispensable des devoirs, et nous pouvons nous en parer avec dignité, car il exprime tout ensemble l'amour de la patrie, la reconnaissance nationale et le pieux respect d'une autorité qui est le palladium du bien public.

« Prince, qui recevez ici notre hommage, nous jurons de vous aimer et de vous servir comme vous voulez qu'on aime et qu'on serve le pays, avec un cœur droit, une volonté forte et un bras toujours prêt ! et de faire respecter, quoi qu'il arrive, les droits consacrés par la Constitution et la volonté nationale.

« Pour nous, Messieurs, gardiens attentifs de la sécurité générale, nous déploierons, au sein même du calme, cette vigilance infatigable que les mauvais jours n'ont jamais trouvée en défaut. Le gouvernement n'a pas besoin de proclamer son énergie ; personne ne doit ignorer qu'elle serait supérieure à toutes les attaques : le dépôt de la paix intérieure, des destinées de la patrie, de sa prospérité, de sa gloire, est en sûreté dans des mains qui savent promener la foudre.

« De notre côté, nous saurons prévenir et déconcerter les

desseins coupables, déjouer les machinations des pervers, étouffer jusqu'à l'espérance de produire du trouble et de l'inquiétude dans la population. Le but et le prix de nos efforts sera d'épargner à la bienveillance paternelle du gouvernement la nécéssité douloureuse des répressions à main armée.

« C'est ainsi que nous satisferons au vœu le plus cher de la Majesté Impériale, qui ne veut pour symbole de son action providentielle que la Sagesse appuyée sur la Force et la Justice partageant son trône avec la Bonté C'est ainsi que, dans la mesure de notre concours, nous préparerons au Prince cette joie austère et profonde, seule récompense d'une âme digne du souverain pouvoir, je veux dire le sentiment du bien accompli et le spectacle de tout un peuple heureux par ses soins ! »

PRÉFECTURE DE POLICE.

POLICE MUNICIPALE

INDIQUANT

Les Adresses des Postes de Police pour les Sergents de ville.

Ainsi que les arrondissements et les sections auxquels ils appartiennent.

1er Arrondissement.

SECTIONS.	
Tuileries	Pavillon de la place de la Concorde.
Madeleine	Rue Mogador, 11.
Élysée	Rue d'Anjou-Saint-Honoré, 22.
Champs-Élysées	Rue de Chaillot, 19.
Roule	Rue de Laborde, 35.

2e Arrondissement.

Palais-Royal	Rue des Moineaux, 10.
Italiens	Rue de Hanôvre, 4.
Opéra	Rue de la Boule-Rouge, 8.
Saint-Georges	Place Bréda, 13.
Montholon	Rue de Bellefond, 38.

3e Arrondissement.

SECTIONS.	
Saint-Eustache	Rue Coq-Héron, 10.
Saint-Joseph	Provisoirement à la Mairie du 3e arr.
Hauteville	Administ. du chemin de fer du Nord.

4e Arrondissement.

Banque	Rue Babille, 3.
Louvre	Provisoirt à la Mairie du 4e arrond.
Marchés	Halle aux Draps.

5e Arrondissement.

Saint-Sauveur	Rue Mauconseil, 4.
Bonne-Nouvelle	Rue Sainte-Foy, 19.
Saint-Laurent	Rue Saint-Laurent, 24.
Faubourg St-Martin	Rue des Écluses-Saint-Martin, 24.
Douane	Rue des Marais, 50.

6e Arrondissement.

Bourg-L'Abbé	Rue Quincampoix, 54.
Arts et Métiers	Rue Bailly, 1.
Temple	Rue de Vendôme, 10.
Théâtres	Rue de Nemours, 21.

7e Arrondissement.

Saint-Merri	Rue de l'Homme-Armé, 8.
Mont-de-Piété	Rue des Rosiers, 2.
Archives	Rue Chapon, 43.

8e Arrondissement.

Marais	Rue Saint-Claude, 16.
Popincourt	Rue des Amandiers-Popincourt, 30.
Roquette	Rue de Charonne, 87.
Faubourg St-Antoine	Poste de la rue de Montreuil.
Quinze-Vingts	Poste de la place Mazas (Pont d'Aust.).

9e Arrondissement.

SECTIONS.	
Hôtel-de-Ville	Rue des Barres-Saint-Gervais, 10.
Arsenal	Poste de la place de l'Arsenal.
Iles	Quai Napoléon, 9.

10e Arrondissement.

Monnaie	Rue Furstemberg, 4.
Ministère	Rue de l'Université, 18.
Babylone	Rue Traverse, 20.
Invalides	Rue Duvivier, 13.

11e Arrondissement.

Palais-de-Justice	Rue Dauphine, 5.
École de Médecine ...	Rue Racine, 15.
Sorbonne	Rue des Grès, 19.
Luxembourg	Rue Dugay-Trouin.

12e Arrondissement.

Place Maubert	Quai Montebello, 1.
Observatoire	Rue Neuve-Sainte-Geneviève, 21.
Jardin des Plantes ...	Rue Saint-Victor, 24 *bis*.
Saint-Marcel	Poste de la place Walhubert.

Communes du ressort de la Préfecture de la Seine.

NOMS DES COMMUNES.	NOMS DES COMMISSAIRES.	LIEU DU DOMICILE.
Auteuil........	Hulot.............	à la Mairie.
Batignolles.....	Chartier..........	Place de l'Hôtel-de-Ville
Belleville.......	Rogé.............	rue de Paris, 63.
	Berillon...........	rue Delestre, 10.
Boulogne.......	Salmon...........	à la Mairie.
Chapelle (La)...	Chevallier.........	à la Mairie.
Charonne......	Vadet.............	rue Deshayes, 5.
Clichy.........	Ducatte...........	rue du Landy, 12.
Montmartre....	Degeilh...........	à la Mairie.
Neuilly.........	Reyé..............	rue Montrosier, 4.
Passy..........	Roidot............	Grande-Rue, 8.
Puteaux........	Ozi...............	à la Mairie.
Saint-Denis....	Villeneuve.........	rue des Ursulines, 16.
Villette (La)....	Tenaille...........	rue de Bordeaux, 7.
Bercy..........	Fontaine..........	à la Mairie.
Charenton......	Dardelin..........	à la Mairie.
Gentilly........	Aubineau..........	rue Barrière d'Italie, 30
Grenelle.......	Busigny...........	rue Fondary, 28.
Ivry...........	Fournier..........	boul. des Deux Moulins
Montrouge.....	Marseille..........	rue d'Amboise, 8.
Saint-Mandé....	Masson...........	Avenue du Bel-Air, 60.
Vaugirard......	Quatremère.......	Grande-Rue, 94.

TARIF DES VOITURES DE RÉGIE.

DÉSIGNATION DES VOITURES.	INTÉRIEUR DE PARIS.				EXTÉRIEUR DE PARIS.	
	de 6 h. du matin à minuit.		de minuit à 6 h. du matin.		Du mur d'enc. des fortific. jusqu'à la porte Maillot, par l'aven. de Neuilly, l'heure,	En ded. du mur d'enc. des fortific. et à l'intérieur du bois de Boulogne, l'heure,
	à la course	à l'heure	à la course	à l'heure		
Carrosses et berlines à 2 chevaux.....	2 f.	2 50	» »	3 »	3 50	4 »
Petits carrosses, calèches, phaëtons et coupés de 1 à 2 chevaux..........	1 50	2 »	» »	2 50	3 »	3 50
Cabriolets à 2 ou 4 roues, tilburys et bogheis........................	1 50	2 »	» »	2 50	2 50	3 »

NOUVEAU TARIF DES VOITURES DE PLACE.

DÉSIGNATION DES VOITURES.	INTÉRIEUR DE PARIS.				EXTÉRIEUR DE PARIS.	
	de 6 h. du matin à minuit.		de minuit à 6 h. du matin.		Du mur d'enc. des fortific. jusqu'à la porte Maillot, par l'aven. de Neuilly, l'heure,	En dedans du mur d'enc. des fortific. et à l'intérieur du bois de Boulogne, l'heure,
	à la course	à l'heure	à la course	à l'heure		
Grands fiacres à 2 chevaux...........	1 50	2 »	2 »	3 »	2 »	3 »
Coupés et petits fiacres à 4 pl. à 1 ou 2 ch.	1 25	1 75	1 75	2 50	1 75	2 »
Cabriolets à 2 ou 4 roues, fermés ou non.	1 10	1 50	1 75	2 50	1 50	2 »

TABLE DES MATIÈRES.

Ire PARTIE.

ADMINISTRATION DE LA POLICE.

IIe PARTIE.

POLICE ADMINISTRATIVE.

CONTRAVENTIONS DE POLICE.

IIIe PARTIE.

POLICE JUDICIAIRE.

IVe PARTIE.

DROITS ET DEVOIRS DES AGENTS.

Ve PARTIE.

RENSEIGNEMENTS DIVERS.

BIBLIOTHÈQUE POPULAIRE.

Rédacteurs :

ÉMILE JÆGLÉ. — ED. VIELLOT. — P. DE LAMOULIÈRE.

EN VENTE

I. **Guide de la santé du peuple**, avec un Formulaire pour le choléra, par le Dr MANGET, médecin du bureau de bienfaisance du 5e arrondissement de la ville de Paris.

II. **Guide de la mère de famille** ou Recueil de préceptes d'hygiène et de connaissances utiles aux bonnes ménagères, par Émile JÆGLÉ.

III. **Guide de la femme** ou Recueil de pensées sur ses qualités morales dans toutes les conditions de la vie, par Émile JÆGLÉ.

SOUS PRESSE POUR PARAÎTRE PROCHAINEMENT :

Guide de l'ouvrier, par Émile JÆGLÉ.

Guide du propriétaire, par le même.

Histoire populaire de la guerre d'Orient, par le même.

Paris. — Typographie de Gaittet et Cie, rue Gît-le-Cœur, 7.

www.ingramcontent.com/pod-product-compliance
Ingram Content Group UK Ltd.
Pitfield, Milton Keynes, MK11 3LW, UK
UKHW021308190726
13839UKWH00007B/534

9 782329 567600